高山正也・植松貞夫　監修
現代図書館情報学シリーズ…2

図書館制度・経営論

[編集] 糸賀 雅児・薬袋 秀樹
市川 恵理
内野 安彦
荻原 幸子
桑原 芳哉
高山 正也
鑓水三千男
共著

樹村房

監修者の言葉

　わが国に近代的な図書館学が紹介されたのは19世紀末頃と考えられるが，図書館学，図書館情報学が本格的に大学で教育・研究されるのは1950年に成立した図書館法による司書養成制度を受けての1951年からであった。それから数えても，既に半世紀以上の歴史を有する。この間，図書館を取り巻く社会，経済，行政，技術等の環境は大きく変化した。それに応じて，図書館法と図書館法施行規則は逐次改定されてきた。その結果，司書養成科目も1950年の図書館法施行規則以来数度にわたって改変を見ている。

　それは取りも直さず，わが国の健全な民主主義発展の社会的基盤である図書館において，出版物をはじめ，種々の情報資源へのアクセスを保証する最善のサービスを提供するためには，その時々の環境に合わせて図書館を運営し，指導できる有能な司書の存在が不可欠であるとの認識があるからに他ならない。

　2012(平成24)年度から改定・施行される省令科目は，1997年度から2011年度まで実施されてきた科目群を基礎とし，15年間の教育実績をふまえ，その間の図書館環境の変化を勘案し，修正・変更の上，改めたものである。この間に，インターネット利用の日常生活への浸透，電子メールやツイッター，ブログ等の普及，情報流通のグローバル化，電子出版やデジタル化の進展，公的サービス分野での市場化の普及などの変化が社会の各層におよび，結果として図書館活動を取り巻く環境や利用者の読書と情報利用行動等にも大きな構造的な変化をもたらした。この結果，従来からの就職市場の流動化や就業構造の変化等に伴い，司書資格取得者の図書館への就職率が大きく低下したことも率直に認めざるを得ない。

　このような変化や時代的要請を受けて，1997年版の省令科目の全面的な見直しが行われた結果，新たな科目構成と単位数による新省令科目が決定され，変化した図書館を取り巻く環境にも十分適応できるように，司書養成の内容が一新されることとなった。そこで，樹村房の「新・図書館学シリーズ」もその改定に合わせ内容を全面的に改編し，それに合わせて，「現代図書館情報学シリーズ」と改称して新発足することとなった。

「図書館学シリーズ」として発足し，今回「現代図書館情報学シリーズ」と改めた本教科書シリーズは，幸いにして，1981（昭和56）年の創刊以来，樹村房の教科書として抜群の好評を博し，実質的にわが国図書館学，図書館情報学の標準的教科書として版を重ねてきた実績をもつ。これもひとえに，本シリーズをご利用いただいた読者各位からのご意見やお励ましと，執筆者各位の熱意の賜物と考えている。

監修にあたって心がけたのは，この「現代図書館情報学シリーズ」で司書資格を得た人たちが図書館で働き続ける限り，その職能観の基礎として準拠しうる図書館情報学観を習得してもらえる内容の教科書を作ろうということであった。すなわち，「図書館学は実学である」との理念のもとに，アカデミズムのもつ概念的内容とプロフェッショナリズムのもつ実証的技術論を融合することであった。そのこと自体がかなり大きな課題となるとも想定されたが極力，大学の学部課程での授業を想定し，その枠内に収まるように，その内容の広がりと深さを調整したつもりである。一方で，できる限り，新たな技術や構想等には配慮し，養成される司書が将来志向的な視野を維持できるよう努力したつもりでもある。これに加えて，有能な司書養成のために，樹村房の教科書シリーズでは各巻が単独著者による一定の思想や見方，考え方に偏重した執筆内容となることを防ぐべく，各巻ともに，複数著者による共同執筆の体制をとることで，特定の思想や価値観に偏重することなく，均衡ある著述内容となることをこのシリーズにおいても踏襲している。

本シリーズにおける我々の目標は決して学術書として新規な理論の展開を図ることではない。司書養成現場における科目担当者と受講者の将来の図書館への理想と情熱が具体化できる教材を目指している。その意味で，本シリーズは単に司書資格取得を目指す学生諸君のみならず，現職の図書館職員の方々や，図書館情報学を大学(院)等で研究する人たちにも役立つ内容をもつことができたと自負している。読者各位からの建設的なご意見やご支援を心からお願い申し上げます。

2011年2月

監修者

序　文

　2012(平成24)年4月から文部科学省令による「大学において履修すべき図書館に関する科目」が新たに施行された。この新科目では，総単位数が従来の20単位から24単位に増加されるとともに，いくつかの科目の新設と充実が図られている。その一つが本書で扱われる「図書館制度・経営論」である。
　この科目は，それまでの「図書館経営論」（1単位）に対し，"図書館の役割を定めた法制度，自治体行政の制度・政策，生涯学習の制度・政策に関する知識の充実が必要である"（これからの図書館の在り方検討協力者会議（報告）2009年2月）との認識から，制度論に相当する内容を付加して，新たに2単位科目として生まれ変わったものである。
　その意味で，本書は本シリーズにおける初めての「図書館制度・経営論」ということになるわけだが，その編集の機会を，協力者会議において主査の大任を果たされた薬袋秀樹先生とともに共編という形で与えてくださった監修者に，まずもって御礼申し上げたい。このような形で，この新科目の意義と内容を世に問うことができるのは，同じ協力者会議の副主査として薬袋先生を支えてきたつもりの筆者にとって，望外の喜びである。
　本書は，図書館の「制度」と「経営」という，きわめて実務的な内容を扱うだけに，大学で初めて「図書館に関する科目」を学ぼうとする学生はもとより，すでに社会人としての職業経験をもったうえで，司書資格の取得をめざす方々にも理解しやすいよう配慮した。さらに言えば，図書館の実務経験を積んだ司書有資格者が研修や自己研鑽を通じて，改めて図書館の制度や経営のあり方を学び直そうとする際にも役立つよう，最新の法規や基準の紹介と図書館経営の具体例とを随所に織り込んでいる。先の協力者会議の報告が，司書資格を取得するための「図書館に関する科目」を"その後，さらに専門的な知識・技術を身に付けていくための入り口として位置付けることが適切である"と明言したからには，こうした現職者の再教育への配慮は不可欠と考えたからである。
　こうした編集方針は，各章の執筆者に，図書館員対象の現職者研修の講師としての経験が豊富な研究者を中心に，気鋭の若手研究者や実務家，さらには長

く国や地方自治体に勤務した行政職員など，多彩な陣容で臨んだことによく表れている。彼らの多様な問題意識と豊かな知見とに触れることで，読者は普遍的な理論を会得するだけでなく，優れて実践的なノウハウや図書館内部の事情にも通じることになるだろう。それらは，将来の図書館専門職にとって，大きな財産となるに違いない。

　その反面，記述や表現のレベルに精粗が表れたり，扱われる図書館の範囲に幅が見られたり，といった不統一感があるのは否めない。これらについては，編集段階で最低限の調整作業を行ったつもりであるが，それぞれの執筆者の持ち味を生かす意味でも，徹底した統一は敢えて避けている点をご了解いただきたい。

　また，大学での履修を考える際に，2単位科目ということは15週30時間の授業用テキストとなるが，本書の分量（Ⅱ部構成で各7章）は，率直に言って，やや多すぎると思われる。科目担当者の裁量で，初学者の基礎知識や興味・関心に応じ，また他科目の内容との重複等を踏まえ，取捨選択がなされて良いだろう。それでも，図書館の制度と経営の基本知識を得て，図書館専門職への確かな道筋を描き出すことができれば十分と考えている。そうした人材の育成に本書が多少なりとも貢献できれば幸いである。

　なお，本書の編集過程で，やむを得ない事情から執筆者の一部交代があり，完成が大幅に遅れたことを編者の一人として申し訳なく思っている。また，本書の各所に頻出する「図書館の設置及び運営上の望ましい基準」が執筆・編集段階で改正（2012年12月文部科学省告示）され，これへの対応のために改稿された執筆者も多い。これも刊行遅延の一因となったのは事実だが，その分，新基準に的確に対応した「制度・経営論」に仕上がったとも言えよう。とは言え，内容面で不備や誤りがあれば，それは編者の責任である。いずれ改訂の際に反映させたいと考えているので，お気づきの点があればお知らせ願いたい。

　最後に，企画段階からお世話になり，ただひたすら執筆者間の連絡調整役を果たしてこられた樹村房編集部の大塚栄一氏には心より感謝を申し上げる。

　2013年9月28日

　　　　　　　　　　　　　　　　　　　　　　編集責任者　糸賀　雅児

図書館制度・経営論
も く じ

監修者の言葉　iii
序文　v

序章　図書館における制度と経営 ─── 1
1. 図書館における「制度」 ……… 1
2. 図書館における「経営」 ……… 1
3. 図書館制度・経営論を学ぶ必要性 ……… 4

Ⅰ部■制度論
1章　図書館制度の概観 ─── 8
1. 制度の定義と意義 ……… 8
   - （1）制度の定義　8
   - （2）図書館における制度の意義　9
2. 法規に関する基礎知識 ……… 9
   - （1）法規の種類　9
   - （2）法案の提出主体　9
   - （3）法規の構成原理　10
   - （4）法規の解釈　10
   - （5）法規の解説書と専門用語　11
3. 図書館関係法規の体系 ……… 11
   - （1）図書館関係法規の特徴　11
   - （2）図書館関係法規の概観と体系図　12
   - （3）図書館の所管官庁　13
   - （4）図書館の設置者と社会　13
   - （5）「公の施設」と「教育機関」　14
4. 図書館制度に関する学習 ……… 15

（1）制度に関する学習の意義　*15*
　　（2）テキストの目標と範囲　*15*
　　（3）制度に関する学習の方法　*16*
　　（4）法令のデータ　*17*

2章　日本国憲法，教育基本法，地方自治法等 ──────── *18*
　1．日本国憲法 ……………………………………………………… *18*
　　（1）はじめに　*18*
　　（2）図書館と学問の自由　*19*
　　（3）図書館と知る権利　*19*
　　（4）図書館と参政権　*20*
　　（5）図書館と教育を受ける権利　*20*
　　（6）図書館と平等権　*20*
　2．教育基本法 ……………………………………………………… *21*
　　（1）改正前の教育基本法　*21*
　　（2）現行教育基本法の構成　*22*
　　（3）社会教育の重要性と図書館の役割　*22*
　3．社会教育法 ……………………………………………………… *23*
　　（1）社会教育法の構成　*23*
　　（2）社会教育法と図書館　*24*
　4．生涯学習振興法 ………………………………………………… *25*
　5．地方教育行政の組織及び運営に関する法律（地方教育行政法）……… *26*
　　（1）法の構成の概要　*26*
　　（2）行政委員会としての教育委員会　*26*
　　（3）地方教育行政法と図書館　*27*
　6．地方自治法 ……………………………………………………… *28*
　　（1）概要　*28*
　　（2）地方教育行政法との関係　*29*
　　（3）図書館の地方自治法上の位置づけ　*29*
　7．地方財政法 ……………………………………………………… *30*

（1）はじめに　30
　　　（2）地方財政に対する措置　30
　　　（3）地方債　31
　　　（4）図書館への財政支援等　32
　　8．地方公務員法 ··· 32
　　　（1）地方公務員制度の基本理念　32
　　　（2）地方公務員の義務　32
　　　（3）分限と懲戒　34
　　　（4）地方公務員の権利　34

3章　図書館法 ─────────────────────── 35
　　1．図書館法の構成 ··· 35
　　2．逐条解説 ··· 35
　　　（1）第1章　総則　36
　　　（2）第2章　公立図書館　39
　　　（3）第3章　私立図書館　42

4章　他館種の図書館に関連する法規 ──────────── 43
　　1．国立国会図書館法 ··· 43
　　2．学校図書館法 ··· 47
　　3．大学設置基準 ··· 50
　　4．地方自治法（第100条19項） ··································· 51
　　5．身体障害者福祉法 ··· 52

5章　子どもの読書活動，文字・活字文化の振興に関連する法規 ── 54
　　1．子どもの読書活動の推進に関する法律 ····················· 54
　　　（1）制定に至る経緯　54
　　　（2）法律の内容　55
　　　（3）衆議院文部科学委員会における附帯決議　56
　　2．文字・活字文化振興法 ·· 57

（1）制定に至る経緯　*57*
　　　（2）法律の内容　*57*

6章　図書館のサービス・経営に関連する法規 ── *60*
　1．著作権法と図書館 ── *60*
　　　（1）はじめに　*60*
　　　（2）図書館における著作権　*61*
　　　（3）国立国会図書館による図書館資料の自動公衆送信等　*62*
　2．公共サービス基本法と図書館 ── *63*
　　　（1）法の趣旨　*63*
　　　（2）基本理念と基本的施策　*63*
　　　（3）公共サービス基本法と図書館　*65*
　3．個人情報保護制度と図書館 ── *65*
　　　（1）個人情報保護の必要性　*65*
　　　（2）図書館における個人情報保護　*66*
　　　（3）図書館と委託事業者等との関係　*67*
　4．指定管理者制度と図書館 ── *68*
　5．民法と図書館 ── *69*
　　　（1）はじめに　*69*
　　　（2）図書館の利用関係に対する民法の適用関係　*69*
　　　（3）損害賠償　*70*
　　　（4）図書館資料を返却しない者に対する返還請求　*70*
　　　（5）図書館における業務委託　*71*
　6．労働関係法規と図書館 ── *71*
　　　（1）はじめに　*71*
　　　（2）公務員に対して適用される労働法制　*72*
　　　（3）指定管理者の従業員である図書館職員に適用される労働法制　*73*
　　　（4）臨時・非常勤職員として勤務する図書館職員に関する労働問題　*73*

7章　図書館政策 ―――――――――――――――――― 75
1．国の図書館政策 ·· 75
（1）図書館政策の歴史　*75*
（2）図書館行政組織　*79*
（3）図書館の設置及び運営上の望ましい基準　*81*
（4）図書館関係答申・報告　*84*
2．地方公共団体の図書館政策 ·· 89
（1）図書館振興策の歴史　*89*
（2）図書館行政組織　*91*
（3）図書館の設置・建設計画　*93*

Ⅱ部■経営論

1章　図書館の公共性 ――――――――――――――――― 96
1．なぜ図書館に経営が必要か ·· 96
2．公共性の概念 ··· 97
（1）公共財　*98*
（2）価値財　*99*
（3）公益事業　*99*
（4）公共交通　*99*
（5）外部効果　*100*
3．公共性のとらえ方 ··· 100
4．公共性に基づく図書館経営 ··· 102

2章　公共経営としての図書館経営 ――――――――――― 104
1．非営利機関としての図書館 ··· 104
2．図書館の公共経営 ··· 106
3．公共図書館の経営論 ·· 107
4．大学図書館の経営論 ·· 109
5．学校図書館の経営論 ·· 111
6．その他の図書館の経営論 ·· 113

7．図書館経営のガバナンス ································· 113
  （1）ガバナンスの概念　113
  （2）公立図書館のガバナンス　115
  （3）大学図書館のガバナンス　116
  （4）学校図書館のガバナンス　118

3章　図書館の組織と職員 ─────────── 120
1．組織構成 ··· 120
  （1）図書館の設置者と組織　120
  （2）図書館運営の現状　120
2．職員体制の特徴 ······································· 122
3．図書館長と専門的職員，事務職員，技術職員 ············· 123
  （1）図書館長の職責と使命　123
  （2）専門的職員，事務職員，技術職員　126
4．図書館ボランティア ··································· 128
  （1）図書館ボランティアの歩み　128
  （2）図書館ボランティアの種類　129
  （3）図書館ボランティアの課題　130

4章　図書館の財政と予算 ─────────── 132
1．予算の配分と執行 ····································· 132
  （1）予算要求の課題　132
  （2）予算執行とガバナンス，内部統制　134
  （3）予算執行における内部統制の実際　135
  （4）新しい公会計制度の論議　137
2．予算の確保 ··· 138
  （1）図書館予算の現状と課題　138
  （2）図書館の歳入　139
  （3）図書館の広告事業　139
3．各種の図書館補助金と助成事業 ························· 140

5章　図書館における計画とマーケティング ―――――― 144
1．図書館の地域計画 ……………………………………………… 144
（1）地域計画とサービス計画　*144*
（2）地域計画の手順　*145*
（3）図書館の規模と利用圏域の関係　*146*
2．図書館のサービス計画 ………………………………………… 148
（1）コミュニティ及び図書館の環境の調査　*149*
（2）現行の図書館サービス及び資源の評価　*150*
（3）コミュニティにおける図書館の使命・役割の明確化　*150*
（4）目標・サービス指標・優先順位の設定　*151*
（5）改善のための戦略の策定と評価　*152*
（6）サービス計画の公表　*152*
3．経営サイクル（PDCA） ……………………………………… 154
（1）経営サイクル（PDCA）とは　*154*
（2）「経営サイクル」と図書館活動　*154*
4．図書館の短期計画と中・長期計画 …………………………… 157
（1）図書館基本政策の立案と基本的運営方針　*157*
（2）基本的運営方針に基づく計画策定　*159*
（3）計画の関係性　*160*
5．図書館経営におけるマーケティング ………………………… 161
（1）第1の原理「顧客中心主義に徹する」　*162*
（2）第2の原理「市場を細分化し，ターゲットを定める」　*162*
（3）第3の原理「競争相手の特定」　*164*
（4）第4の原理「マーケティングの4Pを利用する」　*164*
（5）第5の原理「活動をモニタリングし，修正を加える」　*166*

6章　図書館の経営評価 ――――――――――――――― 168
1．図書館評価の枠組み …………………………………………… 168
（1）図書館評価の意義と目的　*168*
（2）法及び政策における図書館評価の位置づけ　*169*

2．図書館評価の方法 _172_
（1）評価の種類 _172_
（2）評価のための指標 _173_
（3）評価のための基準 _174_
（4）評価のための調査と統計 _176_
（5）具体的な評価方法 _177_
3．図書館評価の実態と課題 _181_
（1）図書館評価の実態 _181_
（2）図書館評価の課題 _182_

7章　図書館の管理形態の多様化 _184_
1．図書館を取り巻く社会情勢の変化 _184_
（1）図書館に求められる機能 _184_
（2）社会経済情勢の変化と運営の効率化 _185_
（3）図書館設置者の責務 _186_
（4）図書館政策における管理形態多様化への考え方 _186_
（5）多様化する管理形態 _187_
2．職員の雇用形態の多様化 _188_
（1）図書館職員の雇用形態の現状 _188_
（2）雇用形態の多様化の背景と課題 _189_
3．業務委託 _190_
（1）業務委託の現状 _190_
（2）委託される業務の内容 _192_
（3）受託している事業者：公立図書館について _194_
（4）業務委託における課題 _195_
4．指定管理者制度 _196_
（1）制度の概要 _196_
（2）社会教育施設における指定管理者制度導入状況 _196_
（3）指定管理者による運営のための手続き _197_
（4）図書館への指定管理者制度導入を巡る議論 _200_

5．その他の管理形態 …………………………………………………………… 202
　　　　（1）PFI　*202*
　　　　（2）市場化テスト　*203*
　　6．管理形態の多様化に関する議論のまとめ ……………………………… 204

参考文献　*207*
さくいん　*211*

【本書の執筆分担】
序章　糸賀雅児＋高山正也

■制度論　　　　　　　　　　　　　　■経営論
1章　薬袋秀樹　　　　　　　　　　　1章　糸賀雅児
2章　鑓水三千男　　　　　　　　　　2章　糸賀雅児
3章　荻原幸子　　　　　　　　　　　3章　内野安彦
4章　荻原幸子　　　　　　　　　　　4章　内野安彦
5章　荻原幸子　　　　　　　　　　　5章　糸賀雅児＋桑原芳哉
6章　鑓水三千男　　　　　　　　　　6章　桑原芳哉
7章　市川恵理　　　　　　　　　　　7章　桑原芳哉

序章　図書館における制度と経営

1．図書館における「制度」

　図書館は，人類の知的・文化的な資源へのアクセスをすべての人に保障し，さらに新たに創造されたものを付け加え，将来に継承するという崇高で重要な使命（mission）を負っている。このような図書館にいかにしてその使命を全うさせるかという問いかけは，図書館にとって本質的かつ根源的な課題であり，図書館員にとっても決して避けて通ることができない重要な問題である。図書館のすべての機能は，この知的・文化的な資源へのアクセスの保障と将来への継承という使命の達成に向けられており，その達成のためには，図書館という制度や組織の維持・存続・発展が前提となる。

　ここで「制度」とは，人間社会が安定的に維持・存続・発展していくうえで，互いに必要を感じたきまりとしての「枠組み」と言ってもよい。図書館にもそうした枠組みが従来から整備されており，多くは法令，規則，基準，政策文書などの形式をとって周知されてきた。さらにそれらについて一定の解釈と運用とが長い間に関係者間での合意となって形成されている。図書館について学び，図書館の業務に就こうとするのであれば，当然，これらの「制度」に関する知識をもつことが必要となる。そもそも，図書館に専門的職員として置かれ，図書館の専門的事務に従事する「司書」という資格そのものが，こうした「制度」によって支えられ，成り立っているのである。

2．図書館における「経営」

　一方，図書館という「組織」の維持・存続・発展を図る活動は，一般に図書館「経営」と呼ばれている。図書館経営とは図書館活動の本質であり，図書館

を研究対象とする図書館情報学においても大きな比重を占めてきた。事実，図書館情報学の発展の歴史の中では，洋の東西を問わず，初期の研究者は図書館経営の研究の重要性を指摘してきた[1]。

しかし，その後，そうした諸研究の系譜は，図書館情報学を社会学的に確立しようとする流れと，「図書館経営論」のもつ技術論的な側面とが強調され，ややないがしろにされた時期があった。しかし，わが国では，1996（平成8）年に施行された司書養成のための文部省（当時）省令科目改正で「図書館経営論」が必修の科目となった。これは図書館の研究とその成果としての図書館情報学が，「図書館経営論」として図書館経営のノウハウを技術的に考えるだけでなく，行政的・政策的に図書館をマネージすることを究極の目標とするからに他ならない。

図書館という組織は，その職員，情報資源としてのコレクション，および施設や設備が一体となって運営されることによって，その機能が発揮される。さらにその機能の受け手である図書館サービスの利用者との建設的な交流があって初めて，求める情報資源へのアクセス及びその情報資源の将来への継承という図書館の使命が効果的に達成できる。こうした図書館のとらえ方は，図書館を一つの組織としてとらえていることを意味する。

図書館経営を考えるにあたって，この図書館という組織のもつ特徴のうち，特に考慮すべき点として次の三項目が挙げられる。

①社会システムとしての図書館
②非営利組織としての図書館
③永続組織としての図書館

このうち，まず「社会システムとしての図書館」とは，図書館は有効に情報資源を収集し，保存し，利用に供するという共通の目的の下に，多くの構成要素から構成され，しかも，その図書館は社会というより高次のシステムを構成する一つの構成要素でもあるという「入れ子構造」の見方を強調したものである。従来の図書館情報学における図書館へのアプローチは，ややもすると，図書館をそれをとりまく社会から切り離し，各業務相互の関連性について考慮さ

1：高山正也．"図書館経営論・その領域と特殊性"．図書館経営論の視座．日本図書館学会研究委員会編．日外アソシエーツ，1994，p.7-21，（論集・図書館学研究の歩み，13）．

れることなく，個別に論じられることが少なくなかった。このような図書館への一面的アプローチは，「図書館経営論」という科目が設けられた趣旨にそぐわないだろう。図書館はそれが置かれた環境と調和しつつ，図書館を構成する諸要素の調和と統一的協働のもとに，利用者との交流を基軸に，利用者が満足するサービスを提供する一つの社会システムだからである。

　次に「非営利組織としての図書館」とは，企業経営とは異なった独自の経営がなされなければならないことの理論的根拠にもなる。経営とは，営利組織に必要なものであって非営利組織には不要，というわけではけっしてない。非営利の組織であるからこそ，その使命を実現するために効率的な活動が必要であり，仮に営利組織に比較して難しくとも，成果や結果を重視し，その使命に照らして，成果の測定や改善に結びつけることは十分に可能である。それが，まさしく本書が明らかにする「公共経営」という考え方である。

　図書館が営利組織における利潤性のような，単一で明確な経営の評価尺度を欠いているのは事実である。しかし，複数の多元的な評価尺度に照らして評価しなければならない組織だけに，高度な判断基準のもとに的確な経営が求められるのも確かである。

　「永続組織としての図書館」とは，図書館が人類の知的・文化的成果を蓄積し継承するために本質的にそなえなければならない特性である。人類の知的・創造的文化は過去の文化の学習の上に新たな文化の創造が行われるという蓄積性をその特徴としているが，まさにこの特徴に，人類の知的生産の発展のために文化的情報資源の蓄積と提供を保障する永続組織としての図書館の存在意義を見出すことができる。

　もとより，ここでいう永続とは，単なる時間的，物理的な永続ではない。古来著名であるが，すでに滅びて今日存在しない多くの図書館がある。図書館を社会システムとしてとらえるなら，社会の発展，歴史の進歩とともに，そのコレクションの内容に代表される図書館の実質は永続性をもたなければならない。そして，それが継承された結果として，今日の人類の文化と知識が成立したとも言える。したがって，歴史的な展望のもとに図書館という組織の永続をめざす「経営」という考え方が不可欠となる。

3．図書館制度・経営論を学ぶ必要性

「制度」と「経営」は，図書館の維持・存続・発展にとって不可欠な両輪であることを述べてきたが，幸い2012(平成24)年4月施行の新たな文部科学省令科目において，これらを融合した「図書館制度・経営論」が，基礎科目の一つとして必修科目に位置づけられた。文部科学省内に設置され，今回の科目改正について検討を重ねてきた「これからの図書館の在り方検討協力者会議」は，施行に先立って報告書を公表している[2]。その中で，これからの司書の養成内容に必要な新たな視点として「図書館制度・経営論」については，次のように触れられている。

- 自治体行政・施策の中に図書館を位置付け，関係機関・団体と連携・協力して，地域や住民の課題解決の支援に取り組むには，図書館の役割を定めた法制度，自治体行政の制度・政策，生涯学習の制度・政策に関する知識の充実が必要である。

この指摘を受けて，それまでの「図書館経営論」（1単位）に法制度・政策についての内容を加えて，新たに「図書館制度・経営論」（2単位）が設けられたのである。しかも，この科目は「生涯学習概論」「図書館概論」「図書館情報技術論」の3科目と並んで，基礎科目の一つに位置づけられている。この科目の内容について，同じ報告は次のように説明している。

図書館制度・経営論
　図書館に関する法律，関連する領域の法律，図書館政策について解説するとともに，図書館経営の考え方，職員や施設等の経営資源，サービス計画，予算の確保，調査と評価，管理形態等について解説する。

2：これからの図書館の在り方検討協力者会議．"司書資格取得のために大学において履修すべき図書館に関する科目の在り方について（報告）"．文部科学省Webサイト．2009-02. http://www.mext.go.jp/b_menu/shingi/chousa/shougai/019/gaiyou/1243330.htm, (参照2013-05-29).

以上のような「図書館制度・経営論」という科目が成立する意義と経緯を踏まえ，本書は以降の部分を大きく「制度論」と「経営論」の二つに分けて，それぞれの詳細を論じている。両者は別々の領域とはいえ，密接に関わっていることから，各章の内容に若干の重複が見られることもあろう。しかし，それらは図書館の専門的職員としての司書が身につけるべき重要な内容であり知識であるからこそ，繰り返し触れられているのである。

　わが国の図書館全体の発展と振興を考えるとき，図書館制度・経営論の学習を通じて，社会システムの一部を成す図書館の制度や法規の基本的知識をもち，併せて非営利組織としての図書館の経営センスを身につけた司書を一人でも増やすことが望まれる。

I 部
制度論

1章　図書館制度の概観

本章では，図書館の制度について学ぶにあたって必要となる基礎的な知識について解説する。1．制度の定義と意義，2．法規に関する基礎知識，3．図書館関係法規の体系，4．図書館制度に関する学習について解説する。

1．制度の定義と意義

(1) 制度の定義

制度とは，"国家・団体を運営して行く上で，法律や規則により制定され，あるいは社会的に継続的に認められ，実施されているきまり"である[1]。「制度」は「行政」と，「行政」は「政策」と密接な関係にある。行政とは，"国家の機関や公共団体などが，法律，法令その他の法規にしたがってする政務（政治上の事務）"である[2]。また，行政活動とは"政府の政策（＝公共政策）を立案し実施する活動"であり，政策とは"政府の方針・方策・構想・計画などを総称したもの"である[3]。すなわち，制度が基盤となって，行政が行われ，政策が立案・実施されるのである。

図書館はさまざまな種類の図書館からなるが，いずれも，多かれ少なかれ，ここでいう「きまり」に基づいて運営されており，そのうちの基本的な部分が法規によって定められている。図書館の活動の多くは行政活動の一環である。したがって，図書館を運営し，その在り方を考え，改善を図るには，「きまり」

1：日本国語大辞典第二版編集委員会，小学館国語辞典編集部編．日本国語大辞典7巻．第2版．小学館，2001，p.1232．
2：日本国語大辞典第二版編集委員会，小学館国語辞典編集部編．日本国語大辞典4巻．第2版．小学館，2001，p.456．前掲注1，p.1257．
3：西尾勝．行政学　新版．有斐閣，2001，p.245-246．

としての制度やそれを規定する法規について学ばなければならない。

（2）図書館における制度の意義

　公立図書館に関する基本的な事項は「図書館法」という法律によって定められている。法律にはさまざまな役割がある。国民の権利を制限し義務を課す法律，国民に対して一定の給付を行う根拠を定める法律がある一方で，行政組織を定める法律，訴訟等の手続を定める法律もある。図書館に関する基本的事項を法律で定めることによって，図書館の機能や組織が明確になる。すなわち，図書館サービスがどの地域や機関でも恒常的に望ましい形で行われるには，また，図書館に予算の確保や専門職員の配置を保障するには，図書館について法律で定める必要がある。法律で定められていれば，どの地域や機関でも，法律で定めた範囲内で同一の内容の行政が行われるのである。

2．法規に関する基礎知識

（1）法規の種類

　国の法規には，憲法，法律，政令（施行令），省令（施行規則），告示，訓令・通達（通知）がある。憲法は国の最高法規である。法律は国会の議決を経て制定される。行政機関が制定する法を命令といい，内閣が制定する命令を政令といい，各省大臣が制定する命令を省令という。告示は，各省大臣等が所掌事務について公示するもので，訓令等は，各省大臣等が所掌事務について所管の諸機関や職員に命令または示達するものである。地方公共団体の法規には条例，規則がある。条例は地方公共団体の議会の議決を経て制定され，規則は法律の定めるところにより，長（首長）や教育委員会などの行政委員会が制定する。

（2）法案の提出主体

　法案を提出する主体には内閣と議員集団がある。前者によるものを内閣立法，後者によるものを議員立法という。図書館関係の法律では，学校図書館法，子どもの読書活動の推進に関する法律，文字・活字文化振興法が議員立法である。

内閣立法の場合は，実質的には所管する各省庁が提出するが，それに先立って，各省庁による各種の調査・研究が行われ，それをもとに審議会による答申や報告が発表され，それを根拠に立法が行われることが多い。議員立法の場合は，法律の制定後，各省庁によって，研究や政策の検討が行われることが多い。

（3）法規の構成原理

　これらの法規の間の構成原理として，①所管事項の原理，②形式的効力の原理，③後法優先の原理，④特別法優先の原理がある。

　①所管事項の原理とは，法規相互間に衝突が起きないように，それぞれの法規に所管事項の範囲を決め，これ以外のことは規定できないようにする原理である。②形式的効力の原理とは，所管事項の原理では法規間の矛盾が解決できない時に，上位法が下位法に優先する原理である。

　③後法優先の原理とは，形式的効力の等しい二つ以上の法規の内容に衝突が生じた場合，時間的に後から制定された法規の内容が，前に制定された法規に優先する原理である。

　④特別法優先の原理とは次のような原理である。ある事項について一般的に規定した法規と，同じ事項のうちの特定の場合，特定の人，特定の地域に限って規定した法規は，一般法と特別法の関係にあるといい，その場合，特別法の内容が優先的に適用され，一般法は，特別法の規定と矛盾しない範囲で，補充的に適用される。公立図書館については，図書館法の規定を特別法として優先適用し，同法に定めのない事項については，地方教育行政の組織及び運営に関する法律，地方自治法等の規定を一般法として補充的に順次適用する。例えば，住民による図書館の利用については，正当な理由がない限り，利用を拒否できないことは当然であるが，図書館法にはその点に関する規定がないため，地方自治法第244条2項及び3項の規定が適用される。したがって，図書館について定めた法律だけでは図書館の制度を理解することはできない。図書館法に対して一般法に当たる関連法規を合わせて理解する必要がある。

（4）法規の解釈

　法規の解釈の方法には，①法規的解釈，②学理的解釈（文理解釈，論理解

釈）がある。

①法規的解釈とは，ある法規の規定の意味を明らかにするために，その法規の別の場所や他の法規の中に規定を設けて，その解釈を示すことである。②学理的解釈とは，学理（学問上の理論原理）に基づいて，法規の解釈を行うことである。学理的解釈は，文理解釈と論理解釈に分かれる。文理解釈は，法規の文言，すなわち文字や文章の意味に主眼を置いて解釈する方法で，論理解釈は，必ずしも法規の文言のみにとらわれず，その法規や規定の論理に基づいて解釈する方法である。文理解釈と論理解釈は，法規の解釈として，いずれも正当で，具体的な場面に応じて，適正に併用して行くべきものである。

（5）法規の解説書と専門用語

法規を学ぶには，法規の解説書を読む必要がある。解説書には法規を条文の順序に一条ごとに解説した逐条解説書（コンメンタール）と体系的な解説書があり，行政担当者や研究者等が執筆する。

法規には，専門用語が用いられているため，用語の使い分けを理解する必要があり，法律用語の解説書を参考にするとよい。例えば，「する」「するものとする」「しなければならない」の違いを理解しておく必要がある。

3．図書館関係法規の体系

（1）図書館関係法規の特徴

図書館関係法規の特徴として，その多くが行政に関する法律であること，教育に関する法律であることを挙げることができる。前者の特徴は，民法のような包括的な法律がなく，個別の行政事務に対応した多数の法律から成っていることで，後者の特徴は，教育を行うものの主体性を尊重する指導・助言行政が中心であることである。文部科学省の都道府県教育委員会に対する，都道府県教育委員会の市町村教育委員会に対する関わり，各教育委員会の学校等に対する関わりは指導・助言が中心で，一般に命令・監督は行われない。

（2）図書館関係法規の概観と体系図

　図書館には，設置者，設置の目的，想定する利用者等によって，公立図書館，私立図書館，学校図書館，大学図書館，専門図書館，国立図書館の六つの館種がある。図書館法では，公立図書館と私立図書館を合わせて，「図書館」と呼んでいる。従来は，公立図書館と私立図書館を合わせて，図書館法上の「図書館」と捉えるか，あるいは，私立図書館を事実上無視して，五つの館種があると考えられていた。しかし，私立図書館には，公立図書館のように幅広い主題の資料を収集する図書館と特定分野の資料を重点的に収集する専門図書館の多様な性格の図書館が含まれているため，公立図書館と私立図書館を合わせて捉えることは難しい。このため，ここでは，私立図書館を含めて六つの館種と捉える。

　図書館について定める法律には次のような特徴がある。第一に，全館種の図書館について包括的に規定した法律はない。第二に，公立図書館，私立図書館は図書館法，学校図書館は学校図書館法，国立国会図書館は国立国会図書館法で定められている。これらの四つの館種の図書館は，設置・運営・サービス等の基本的原則が単独の法律で定められている。大学図書館は学校教育法施行規則と大学設置基準（文部科学省令）で定められている。第三に，専門図書館一般については法律で定められていない。ただし，一部の専門図書館は法律で定められている。これらの法律は，全体として図書館に関する法体系を形成しており，その体系は1-1図のとおりである。

　これらの法律の規定には，類似した内容の規定が見られるとともに，相互に関連している場合がある。図書館法第3条の図書館奉仕に関する規定と学校図書館法第4条の学校図書館の運営に関する規定はよく似ている。図書館法第3条9号と学校図書館法第4条5号の相互協力に関する規定も同様であり，それぞれ学校図書館，図書館との協力について定めている。図書館法第3条4号の相互貸借に関する規定と国立国会図書館法第21条の公立図書館に対する支援に関する規定は対応している。このように，類似し相互に対応した規定の根底には図書館制度に固有の法論理があると考えられる。このような点に注目することも重要である。

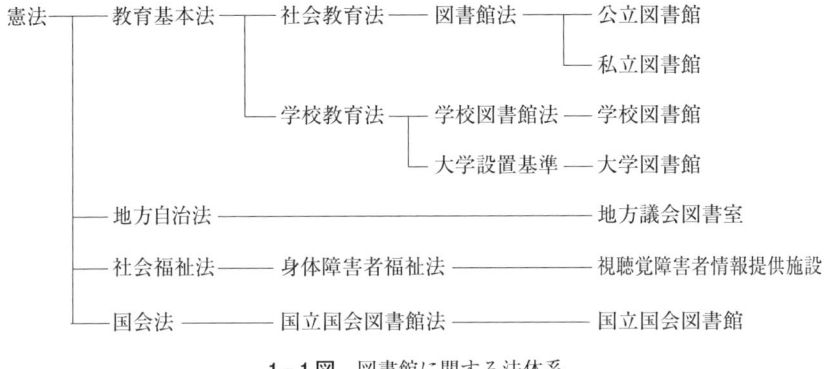

1-1図　図書館に関する法体系

　また，図書館の世界には，法律ではないが，図書館の在るべき姿，図書館の理念を示した文書があり，代表的な例として，「ユネスコ公共図書館宣言1994」がある。これは，世界各国で長い歴史を通じて議論され，実践されてきた文書で，さまざまな法規の理念的な基盤にあたるものと考えられる。

（3）図書館の所管官庁

　国立国会図書館は立法府である国会に属している。公立図書館，私立図書館（一般社団法人，一般財団法人が設置する公開された専門図書館を含む），学校図書館，大学図書館は行政府である文部科学省の所管で，図書館行政が行われているが，それぞれ所管する局は異なっている。国立国会図書館の支部図書館でもある各省庁の図書館は，各省庁の所管である。医学を専門主題とする医学図書館は厚生労働省の所管であるように，専門主題を持つ図書館は，それぞれの主題の情報を所管する省庁の所管に属する。図書館の運営やサービスを構成する個々の要素については，それを所管する省庁の管轄下にある。例えば，公立図書館に関する基準財政需要額や地方交付税は総務省の所管である。

（4）図書館の設置者と社会

　これまで，図書館職員には，図書館を主に図書館の内側から見る傾向があった。しかし，図書館は，社会のニーズに応えて設置者によって設置され，設置者の組織の一部となり，設置者の意向に沿って運営されるものであるから，図

書館を取り巻く社会，図書館の設置者の側から見る必要がある。具体的には，公立図書館は，地域社会の一部であり，次に，地方公共団体組織の一部であり，さらに，教育委員会組織の一部である。したがって，公立図書館職員は，公立図書館が所属する地域社会，地方公共団体組織，教育委員会組織について精通している必要がある。

一部に，このような知識は図書館長や図書館長候補者が知っていればよいという意見があるが，一般の図書館職員もこのような知識を持っていなければ，図書館長，さらには地方公共団体の幹部職員や長の考え方や政策の理解が困難になる。

（5）「公の施設」と「教育機関」

このように，公立図書館は行政上，地方公共団体と教育委員会の二つの観点から見る必要がある。

公立図書館を規定する法律には，地方自治法の系列と教育基本法の系列の二つの系列がある。地方自治法系列の法律は地方公共団体の組織を規定し，教育基本法系列の法律は教育委員会の組織を規定する。

これによって，公立図書館は，二つの概念に属することになる。一つは，地方自治法第244条で定める「公の施設」である。「公の施設」は，地方公共団体が住民の福祉を増進する目的で設置する施設で，住民が利用するためのもので，道路や下水道も含まれる。公立図書館は公の施設の一つである。ほかの一つは，教育基本法系列に属する地方教育行政の組織及び運営に関する法律（以下「地方教育行政法」という）第33条で定める「教育機関」で，公立図書館は教育機関の一つである。

下記のように，「公の施設」「教育機関」の二つの性格を持つ点が公立図書館の重要な特徴である。

```
   地方自治法 ─────── 公の施設 ┐
                                 ├─公立図書館
   地方教育行政法 ─── 教育機関 ┘
```

「教育機関」は，行政組織としては，教育委員会の一部を構成し，教育委員会が管理する。したがって，公立図書館は教育委員会が管理する（教育委員会制度については，2章5，6を参照）。

公立図書館のさまざまな側面はこの二つの系列の法律によって規定されている。公立図書館の設置については，地方自治法第14条１項に規定する条例で定め，運営については，地方教育行政法第33条１項の規定により教育委員会規則で定めるのが通例である。図書館法第13条で定める公立図書館の職員は，地方自治法系列の地方公務員法では地方公務員であり，地方教育行政法では教育委員会職員である。そのうち，図書館法上の「司書，司書補」となる資格を持つ者は図書館法上の「専門的職員」である。

なお，「教育機関」は，教育，学術及び文化に関する事業等を行うことを主な目的とする施設で，職員もその構成要素であり，住民が利用できない研究所・研修施設等も含む。教育機関のうち，住民が利用できるものは公の施設でもある。

４．図書館制度に関する学習

（１）制度に関する学習の意義

これまで，図書館関係の文献では，「制度」や「行政」については必ずしも十分に論じられてこなかった。図書館職員の中には，図書館に関する法律があるにもかかわらず，それを十分学ばずに，経験や感覚に基づいて，図書館の在り方を論じる傾向も見られた。それでは，図書館の適切な運営が困難であるため，図書館の「制度」やその中心である法規に関する学習が必要になり，そのため，今回，「図書館制度・経営論」という科目が設けられた。

（２）テキストの目標と範囲

このテキストの目標は，図書館制度に関する基礎的知識を学び，図書館制度の概要を把握することである。学習に際しては，段階的な目標を設定するとよい。段階的な目標は，第一に，制度論の学習の必要性を理解することである。特に，法規や答申等の学習の必要性を理解することである。第二に，制度論の概要を理解することである。法規，審議会の答申・報告，行政組織等の概要を知ることである。第三に，図書館に関する法規や答申等を知ることである。図

書館に関して，どのような法規があり，どのように図書館に関係しているかを知ることである。第四に，個々の法規や答申の内容とそれに関連する現実の問題を理解することである。

本テキストシリーズでは，図書館の制度に関わる事項のうち，「図書館の社会的意義」（ユネスコ公共図書館宣言を含む），「知的自由と図書館」（図書館の自由に関する宣言を含む），「図書館職員の役割と資格」は「図書館概論」で，「自治体の行財政制度と教育関連法規」は「生涯学習概論」で扱い，「図書館制度・経営論」では，広く図書館関連法規と図書館政策について解説するため，他の科目と併せて理解することが必要である。

また，主に公立図書館を扱うため，公立図書館の設置者である地方公共団体や教育委員会に関する法律，地方自治法や地方教育行政法等についても一定程度解説するが，学校図書館，大学図書館，国立国会図書館については，図書館について定めた法律のみを取り上げ，設置者に関する法律，例えば，国会法や学校教育法については取り上げていない。このような意味で，すべての館種の図書館を均等に取り上げているわけではない。

（3）制度に関する学習の方法

図書館の制度，特に図書館に関する法規を学ぶには，第一に，法規の基礎の学習が必要である。法規の専門用語，法規の構成，法規の読み方，法規解釈の方法，法規の制定・改正の手続き等について，基本文献を読んで学習することが望ましい[4]。第二に，図書館法や学校図書館法のような，図書館そのものについて定めた法規を学ぶだけでは不十分である。図書館は，社会のさまざまな側面と関連しており，地方自治法や教育基本法，さらには，個人情報の保護に関する法律のような，社会のさまざまな側面について定めた法規が図書館の在り方に影響を与えている。このため，憲法をはじめとする図書館に関連するさまざまな法規について，図書館に関連する条文を中心に学ぶ必要がある。第三に，これらの法規を中心とする制度について学ぶには，その基礎となる学問，法学

4：田島信威．最新法令の読解法：やさしい法令の読み方．4訂版，ぎょうせい，2010，507p.
田島信威．法令用語ハンドブック．3訂版，ぎょうせい，2009，624p.

のみならず，行政学，政治学，経営学，教育学等の基礎の学習が必要である。

（4）法令のデータ

　最近は，法律の改正の頻度が高くなっている。著作権法のように，毎年のように重要な改正が行われる法律もある。したがって，法規を学習する際には，常に最新の法令を把握しておく必要がある。そのためには，常に最新の法令の内容を確認する必要がある。これは日本の電子政府のWebサイトで公開されており，その「法令データ提供システム」[5]で，最新の法令を検索し，必要ならば，データをダウンロードすることができる。また，文部科学省等の所管省庁のWebサイトで，関連する法令や基準，答申・報告等が公開されている。

5："法令データ提供システム"．電子政府の総合窓口 e-Gov. http://law.e-gov.go.jp/cgi-bin/idxsearch.cgi，（参照2013-07-25）．

2章　日本国憲法，教育基本法，地方自治法等

　本章では，図書館の存立の基盤となる憲法その他の法令について解説する。まず，憲法に掲げる基本的人権と図書館との関係について述べ，次いで，公立図書館が地方公共団体によって設置され，若干の例外があるものの，社会教育施設として教育委員会の所管に属することから，教育関係法令と地方自治関係法令に分けて解説する。

　なお，本章で取り上げる図書館は，もっぱら図書館法に基づき設置される公立図書館である。

1．日本国憲法

(1) はじめに

　日本国憲法は，1946(昭和21)年11月3日に公布され，翌年5月3日に施行された。大日本帝國憲法（明治憲法）が天皇主権の下にきわめて国家主義的であったのに比較して，日本国憲法は，「国民主権」「平和主義」「基本的人権の尊重」を柱とする民主主義的な憲法となっている。

　憲法は国の最高法規であり，国の法令体系の頂点に立つものであって，大別して国の統治機構を定める条文と国民の基本的人権を定める条文とによって構成されている。このうち，図書館にとってより重要な条文は，基本的人権に係る部分である。憲法には直接図書館に係る条文があるわけではないが，憲法に掲げる基本的人権は，図書館の果たすべき機能と根底において深く関わっており，基本的人権の実現に向けて図書館は大きな貢献をすることができる。以下では，そのうちでも特に重要な人権と図書館との関わりについて解説する。

（2）図書館と学問の自由

　学問の自由とは，国家権力が市民による学問研究などの学問的活動を抑圧し，その内容に干渉することを禁ずるものである。学問の自由の保障は，大学などの研究機関だけではなく，市民が個人的に学問研究する場合にも及ぶ。

　図書館は，市民が，政治参加や社会活動の一環として，自由な意思により自主的に研究し，真理を探求する活動を行う場合に，必要な資料や情報を提供する点で，学問の自由と深く関わっている。また，国家権力が特定の市民の研究内容に着目し，これを抑圧し介入するために，当該市民の図書館資料の利用状況を図書館に照会した場合，図書館はこれを拒否することによって，当該市民の学問研究の自由を擁護することになる。

（3）図書館と知る権利

　知る権利は，憲法の中に具体的な規定としては登場していないが，憲法上の権利として広く認められており，報道の自由，表現の自由をはじめとする精神活動に関する基本的人権を保障するための不可欠の前提として認識されている。知る権利には狭義と広義がある。狭義の知る権利は，公的な事項に関心を持った市民が行政機関の保有する情報を収集するために，国や地方公共団体に対する情報開示請求権を行使する際の根拠となっている。

　一方，広義の知る権利があり，図書館に関わる知る権利はこれに属する。図書館は，市民が必要とする情報をその要望に応じて，可能な限り多様で幅広く収集し提供することによって，市民の知る権利に応えることが期待されている。図書館は可能な限り広い視野に基づき，異なる思想信条に係る文献も収集すべきで[1]，このような図書館資料の選定方針によって収集された多様性のある図書館資料こそが広義の意味における市民の知る権利に貢献する。

1：1973年に発生した，反戦平和関係図書などを隠匿した山口県立山口図書館蔵書隠匿事件や，2002年に明らかとなった新しい歴史教科書を作る会に賛同している作家の書籍を除籍基準に違反して除籍した船橋市西図書館事件は，図書館の存在理由を自ら失わせるものであった。

（4）図書館と参政権

　参政権は，市民が政治に参加する権利の総称をいう。自立した市民が，それを行使するに当たっては，他者から提供される情報に拠るだけではなく，自ら必要と考える情報や知識を自主的に収集，獲得し，情報や知見を整理することが望ましい。

　一方，図書館は，図書館法第3条に規定する典型的な図書館サービスとして，郷土資料，地方行政資料の収集（同条1号）が期待され，また時事に関する情報及び参考資料の紹介と提供（同条7号）も予定されている。図書館には，参政権の行使に際して市民の参考となる膨大な量の情報が集積され，自覚的な市民が参政権を行使する際に情報の面から支援する施設として，大きな役割を担う。

（5）図書館と教育を受ける権利

　教育を受ける権利は，学問の自由などの自由権（国家権力によって干渉・強制されずに，各人の自由を保障する権利）ではなく，より積極的に国などの関与を求める社会権（国民が人間として生きるために，国家に対して，必要な条件の確保を求めることができる権利）として位置づけられている。図書館との関係において重要なのは，教育を受ける権利である。すなわち，すべて国民は生まれながらにして教育を受けて学習し発達していく権利を持っており，国はこの権利が実現されるように必要な条件整備を進めていかなければならない。

　憲法第26条1項が規定する「教育」とは，典型的には学校教育を意味するが，そこに留まるものではない。これには，学校を卒業し社会人となっても，「生涯学習」を通じて，自ら学習し成長しようとする者を「社会教育」機関が支援することが含まれており，社会教育機関のひとつが図書館である。

（6）図書館と平等権

　図書館の利用関係において平等権が問題となるケースとして，図書館を設置した地方公共団体の住民が，その利用において他の住民と異なる差別的取り扱いをされる場合が考えられる。これは地方自治法第244条3項が明確に禁じて

いる。問題は，住民以外の者が利用する場合で，図書館を設置していない地方公共団体の住民が隣接する地方公共団体の設置する図書館を利用できるかどうかである。公立図書館は，地方公共団体の税により設置運営される公の施設であり，それを利用する権利は，原則として当該地方公共団体の住民が持つものである。隣接する地方公共団体の住民は，他の地方公共団体が設置経営する公の施設について，当然に利用する権利を持つものではない。地方自治法第244条3項はこのことを前提として，同じ地方公共団体の住民の間での差別的取り扱いを禁止している。したがって，住民以外の者の利用を拒否ないし制限することは，平等原則に違反するものとはいえない。

2．教育基本法

(1) 改正前の教育基本法

　憲法が制定された時期に，これに適合するよう多くの法律が整備されたが，その中で最も重要な法律の一つが教育基本法である。教育基本法は，憲法の理想を具体的に実現するためには教育が重要であるとの認識を踏まえて，新しい日本の教育の目的を示したものであり，その価値観は憲法と軌を一にしている。教育基本法が「準憲法」と評価される所以である。

　ちなみに，教育基本法は2006（平成18）年12月に全面的に改正され，前文も一新されたが，改正前の前文は，日本国憲法制定当時の憲法と教育基本法との関係を明快に示している。改正前の前文は次のようであった。

　　　われらは，さきに，日本国憲法を確定し，民主的で文化的な国家を建設して，世界の平和と人類の福祉に貢献しようとする決意を示した。この理想の実現は，根本において教育の力にまつべきものである。
　　　われらは，個人の尊厳を重んじ，真理と平和を希求する人間の育成を期するとともに，普遍的にしてしかも個性ゆたかな文化の創造をめざす教育を普及徹底しなければならない。
　　　ここに，日本国憲法の精神に則り，教育の目標を明示して，新しい日本の基本を確立するため，この法律を制定する。

(2) 現行教育基本法の構成

　教育基本法は，全4章からなる。第1章では，教育の目的及び理念が掲げられ，特に第3条で生涯学習の理念が明らかにされており，"国民一人一人が，自己の人格を磨き，豊かな人生を送ることができるよう，その生涯にわたって，あらゆる機会に，あらゆる場所において学習することができ，その成果を適切に生かすことができる社会の実現が図られなければならない"と規定している。

　日本国憲法の目指す人間の育成のための教育は，学校教育のみに委ねられるべきものではない。学校教育を終えた後も，人が人として成長していくために，教育は継続的にかつ発展的に行われるべきものである。そこで，教育基本法は，全面改正に当たって，新たに生涯学習に関する理念規定を加え，生涯学習の振興もまた，教育基本法における重要な理念的柱であることを鮮明にした。

　第2章では「教育の実施に関する基本的事項」を規定し，各分野の教育に係る基本的事項を規定している。すなわち，義務教育，学校教育，大学，私立学校，教員，家庭教育，幼児期の教育，社会教育，政治教育，宗教教育などについて，その目的や意義，配慮すべき事項などが掲げられている。

　第3章では，教育行政に関する規定を置き，国及び地方公共団体が行う教育行政の方向性を明らかにし，国と地方公共団体の適切な役割分担と相互の協力の下で，教育行政が公正かつ適正に行われるべきことが示されている。

　第4章では，教育基本法に規定する諸条項を実施するため，必要な法令の整備を行うべき旨が規定されている。

(3) 社会教育の重要性と図書館の役割

　教育基本法第2条に掲げる教育の目標を達成するために行われる教育があらゆる場合において行われるべきことは，同法が随所で示唆しているとおりである。同法第1条に掲げられた"人格の完成を目指し，平和で民主的な国家及び社会の形成者として必要な資質を備えた心身ともに健康な国民の育成を期して"という教育の目的は，学校，家庭及び地域住民その他の関係者の相互の連携及び協力によって実現されなければならない。これは，同法第13条に定められている。

とりわけ高齢化の進展が著しいわが国にあっては、一般的な学校教育がおおむね20歳前後で終了し、その後勤労者としての期間を含め、60年以上も社会人として生活することとなる。これらの期間を通じて豊かな人生を送ろうとする場合には、社会教育はきわめて重要なものとなる。

上記のとおり、教育基本法は、2008（平成20）年12月に改正され、図書館に係る条項も若干改正の対象となったが、当初の規定の趣旨は変わっていない。すなわち、改正後の教育基本法第12条2項は、"国及び地方公共団体は、図書館、博物館、公民館その他の社会教育施設の設置、学校の施設の利用、学習の機会及び情報の提供その他の適当な方法によって社会教育の振興に努めなければならない"と規定して、図書館等の社会教育施設が社会教育の場として積極的な役割を果たすべきことが想定されている。

3. 社会教育法

（1）社会教育法の構成

教育基本法を受けて制定されたのが、社会教育法である。社会教育法は、7章から構成されている。

総則は、社会教育法の目的、社会教育の定義、社会教育を実際に担う教育委員会の事務、教育委員会と地方公共団体の長（首長）との関係などを規定する。社会教育法第2条によれば、社会教育とは、"学校教育法に基き、学校の教育課程として行われる教育活動を除き、主として青少年及び成人に対して行われる組織的な教育活動（体育及びレクリエーションの活動を含む。）をいう"とされている。社会教育を行うに際しては、国及び地方公共団体は、学校教育との連携を確保し、家庭教育の向上に資するよう配慮をするよう求められており（第3条3項）、市町村教育委員会が行う社会教育の事務には放課後の児童生徒を対象とする事業も想定されている（第5条13号）。しかし、その中心的な事業が成人を対象としていることは疑いのないところである。

第2章では、社会教育を行う者に対して専門的技術的な助言と指導を与える役割を担う社会教育主事・社会教育主事補の資格等について規定する。

第3章は，社会教育関係団体に関する規定である。社会教育関係団体とは，"法人であると否とを問わず，公の支配に属しない団体で社会教育に関する事業を行うことを主たる目的とするもの"をいい，自主的・自立的に社会教育に関する事業を実施する団体で，各種スポーツ，芸術，文化に係る団体が想定されている。文部科学大臣及び教育委員会は，これらの団体から求めがあれば，専門的技術的指導や助言等を行うことができる（第11条）が，国及び地方公共団体は，社会教育関係団体に対し，いかなる方法によっても，不当に統制的支配を及ぼし，又はその事業に干渉してはならない（第12条）。国及び地方公共団体は，社会教育関係団体に対して，下部機関や出先機関的な取扱いをしてはならず，あくまでも対等・水平の関係を維持しなければならない。

　第4章は，社会教育委員に関する規定である。社会教育委員は，都道府県及び市町村に置くことができる特別職非常勤の公務員であり，教育委員会が委嘱する。社会教育に関する諸計画の企画立案を行い，教育長を経由して教育委員会に助言し，その他教育委員会の諮問に応じ意見を述べるなどの事務を行う。

　第5章は，公民館に関する規定である。公民館は市町村によって設置される社会教育施設であり，地域住民のために，実際生活に即する教育，学術及び文化に関する講座，講習会等を開設して，住民の教養の向上，健康の増進，情操の純化を図り，生活文化の振興等を図る。公民館は，図書館と並んで社会教育施設の典型であり，住民に最も身近な施設となっている。

　第6章は，学校施設の利用に関する規定で，第7章は，通信教育に関する規定である。

（2）社会教育法と図書館

　教育基本法第12条（改正前は，第7条）では，国及び地方公共団体による社会教育の奨励が定められ，国及び地方公共団体による図書館等の設置，学校の施設利用等の必要性が説かれている。社会教育法第9条1項は"図書館及び博物館は，社会教育のための機関とする"と定め，同条2項で"図書館及び博物館に関し必要な事項は，別に法律をもつて定める"と規定し，これに基づき，図書館については図書館法が定められている。また，社会教育法第5条4号では，市町村の教育委員会の事務として，図書館等の社会教育施設の設置及び管

理に関することが規定されている。

　教育基本法，社会教育法，図書館法はいずれも法律であり，法形式上はその間に優劣はないが，行政作用としての役割から見たときには，教育基本法→社会教育法→図書館法という，段階的ないし階層的な構成をとっている。すなわち，教育基本法は，生涯学習の理念を定め，これを踏まえて社会教育の方向性を規定している。社会教育法は，これを実施するための大綱として定められ，実施主体とその事務内容，これを担う専門職に関する事項，社会教育推進のための組織，社会教育が行われる施設等について具体的に規定している。さらに，社会教育を具体的に担う社会教育施設としての図書館については，その機能，役割，実施すべき事務事業，配置されるべき職員や専門職としての司書に関する事項を図書館法に委ねる構造となっている。

4．生涯学習振興法

　生涯学習の振興のための施策の推進体制等の整備に関する法律（以下「生涯学習振興法」という）は，1990（平成2）年6月に制定され，その目的は"生涯学習の振興のための施策の推進体制及び地域における生涯学習に係る機会の整備を図り，もって生涯学習の振興に寄与すること"である。

　このため，生涯学習振興法は，まず，都道府県教育委員会が次の事業について，これらを相互に連携しながら推進するために必要な体制整備を図りつつ，一体的かつ効果的に実施するよう努力することを求めている（同法第3条）。

1　学校教育及び社会教育に係る学習並びに文化活動の機会に関する情報の収集，整理及び提供
2　住民の学習に対する需要及び学習の成果の評価に関する調査研究
3　地域の実情に即した学習の方法の開発
4　住民の学習に関する指導者・助言者に対する研修の実施
5　地域における学校教育，社会教育及び文化に関する機関・団体に対する，相互の連携に関する照会・相談・助言その他の援助の実施
6　社会教育のための講座の開設その他の住民の学習機会の提供に関する必要な事業の実施

都道府県教育委員会は，上記の事業を行う際に，社会教育関係団体その他の，地域において生涯学習に資する事業を行う機関・団体との連携を図るよう努め，また，文部科学大臣は，都道府県教育委員会による体制整備に関し望ましい基準を定める（第4条1項）。

一方，都道府県は，当該地区やその周辺の相当程度広域における住民の生涯学習の振興に資するため，「地域生涯学習振興基本構想」を作成することができる（同法第5条）。当該基本構想において定められる事項は，生涯学習に係る機会の総合的な提供の方針に関する事項など5項目にわたっている。

5．地方教育行政の組織及び運営に関する法律
（地方教育行政法）

（1）法の構成の概要

地方教育行政の組織及び運営に関する法律は，地方公共団体における教育行政の組織及び運営，すなわち，教育委員会制度の基本を定めるものである。地方教育行政法は全6章から成り，第1章は総則，第2章は教育委員会の設置及び組織に関する規定であり，以下，第3章は教育委員会及び地方公共団体の長の教育行政における職務権限について，第4章は教育機関の設置及び管理の基本，教育機関の職員の任免について，第5章は文部科学大臣と教育委員会の関係について，それぞれ規定している。

（2）行政委員会としての教育委員会

地方公共団体の執行機関には長と行政委員会がある。教育委員会は行政委員会の一つである。行政委員会は，長から独立し，公正・中立に行政を執行するための制度で，選挙管理委員会，公安委員会，教育委員会等がある。長が，一定の資格を有する者を議会の同意を得て任命し，委員の合議で所管事務を管理・執行するものである。教育委員会は，委員の互選によって，教育委員長を選出し，教育委員の中から事務の執行責任者である教育長を任命する。

（3）地方教育行政法と図書館

　地方教育行政法の規定中，図書館との関係において特に注目すべき規定は次のとおりである。

ａ．教育委員会の職務権限（第21条）
　同条は教育委員会の職務権限を定めているが，これらのうち図書館に関するもので重要なものは，次の規定である。

1　教育委員会の所管に属する第30条に規定する学校その他の教育機関の設置，管理及び廃止に関すること（同条１号）
2　教育委員会及び学校その他の教育機関の職員の任免その他の人事に関すること（同条３号）
3　校長，教員その他の教育関係職員の研修に関すること（同条８号）
4　青少年教育，女性教育及び公民館の事業その他社会教育に関すること（同条12号）

　これらの規定の中の「その他の教育機関」に図書館が含まれ，「その他の教育機関の職員」には図書館職員が含まれ，「その他の社会教育に関すること」の中には図書館に関する事務が含まれる。これを受けて，地方教育行政法における個別の条項で必要な事項が規定されている。

ｂ．地方公共団体が設置すべき教育機関（第30条）
　この規定によれば，地方公共団体が法律の定めるところにより設置する教育機関として，学校，図書館，博物館，公民館などが予定されている。

ｃ．教育機関に関する地方公共団体の長と教育委員会の所管事項（第32条）
　第32条で"学校その他の教育機関のうち，大学は地方公共団体の長が，その他のものは教育委員会が所管する"と定めていることから，図書館に関する事務は，教育委員会が所管することになる。したがって，第21条に加え，この規定からも，図書館の設置・管理・廃止，図書館職員の任免，図書館職員の研修，図書館に係る事業は，教育委員会の所管事項であることが明らかとなる。

　一方，地方公共団体の長は，地方自治法第147条の規定により，"当該普通地方公共団体を統轄し，これを代表する"ものである。この場合における「統轄」とは，当該地方公共団体の事務の全般につき長が総合的統一を確保する権限を

持つということである。すなわち，長は，地方公共団体の予算編成権を持ち，議会への議案提出権を持つことから，教育委員会がその事務事業の実施に必要とする予算も長が編成し，教育機関の設置に関する条例も長が議会に提案する。

　長は，総合調整権に基づき，教育委員会を緩やかな統制に服させることはできるが，直接教育委員会を指揮監督することはできない。教育委員会には，地方教育行政法に基づく権限をその責任と判断に基づいて実施することが求められる。長が図書館の実質的な管理運営に言及する事例が認められるが，地方教育行政法の趣旨から，希望の表明にとどめ，図書館の運営の細部に言及することは差し控えるべきである。

d．教育委員会の規則制定権（第33条）

　同条は，"教育委員会は，法令又は条例に違反しない限度において，その所管に属する……教育機関の管理運営の基本的事項について，必要な教育委員会規則を定めるものとする"と規定して，教育委員会に規則制定権を認めている。図書館の管理運営に関する事項については，教育委員会規則として「図書館利用規則」等の規則を制定するという役割分担となる。

6．地方自治法

（1）概要

　憲法第92条では，"地方公共団体の組織及び運営に関する事項は，地方自治の本旨に基いて，法律でこれを定める"と規定されている。この規定に基づいて制定された地方自治に関する各種法律のうち，最も重要なものの一つが，地方自治法である。地方自治については，日本国憲法において4か条を設け，憲法上の制度として明確に位置づけることによって地方自治を制度的に保障している。

　ところで，かつては，国と地方公共団体との関係は，特に機関委任事務（国の事務を地方公共団体の長や委員会などの執行機関に委任して，国の下部機関として執行させるもの）を通じて上下・主従の関係にあるものとして理解されてきたが，1999（平成11）年に地方自治法が改正され，地方公共団体による自主

的自立的な行政執行を阻害していた機関委任事務が廃止されて，国と地方公共団体は，対等・協力関係にあるものとなった。

　地方自治法は，第1編（総則），第2編（普通地方公共団体），第3編（特別地方公共団体）から成り，とくに第2編では，住民，条例及び規則，選挙，直接請求，議会，執行機関，給与その他の給付，財務，公の施設，国と普通地方公共団体との関係及び普通地方公共団体相互間の関係，大都市等に関する特例，外部監査契約に基づく監査等に関する規定を置き，地方公共団体の組織，機能，存立基盤としての財務など広範な事項を定めている。

　地方自治法は，このように地方自治制度に関する事項を全般的に定める法律として制定され，地方公共団体に関する基本的・一般的な事項を定める地方公務員法，地方財政法，地方税法などの諸法及び特定の行政部門を守備範囲とする地方教育行政法，地方公営企業法，教育公務員特例法などとともに，地方自治に関する一群の法体系を構成している。

(2) 地方教育行政法との関係

　上記のとおり，地方自治法は，地方公共団体の組織運営などに関する事項を定めるものであり，教育委員会，人事委員会等の委員会は，知事又は市町村長，監査委員などとともに，地方公共団体の特定の行政分野を所管する執行機関として，地方自治法第138条の4で定められている。教育委員会は，同法第180条の5で普通地方公共団体に設置が義務付けられており，同法第180条の8では教育委員会の職務権限として，"教育委員会は，別に法律の定めるところにより，学校その他の教育機関を管理し（中略）並びに社会教育その他教育，学術及び文化に関する事務を管理し及びこれを執行する"と定められている。この「別に定める」法律の筆頭に挙げられるものが，地方教育行政法である。

(3) 図書館の地方自治法上の位置づけ

　公立図書館は，地方自治法第244条に規定する公の施設としての側面をもつ。公の施設には，個別の法律で定められているものとそうでないものとがある。

　図書館，博物館，美術館などは前者で，「少年自然の家」などは後者である。少年自然の家などは，社会教育施設として各都道府県で設置されているが，図

書館法や博物館法などのような個別の法に設置根拠を持たず，文部科学省の指導によって「地方自治法上の公の施設として」設置されている。

7．地方財政法

(1) はじめに

憲法第94条は，地方自治体に自主立法権，自主行政権とともに自主財政権を付与したとされている。この自主財政権を法的に支えるのが地方財政法である。

地方公共団体の存立目的は，住民の福祉を図ることにあり，このために各種の事務を執行している。その事務処理に要する経費に充てるため，財源を調達し管理することは自治体固有の権限であり，地方財政法は，そのために地方公共団体の財政に関する基本的事項を定めている。このほか，地方財政を支える法律として，地方税法，地方交付税法などがある。

(2) 地方財政に対する措置

国と地方公共団体は，さまざまな事務を執行し分担し合っているが，地方公共団体がその事務を行うために要する経費は，全額を当該地方公共団体が負担することとなっている（地方財政法第9条）。その経費は，本来であれば，地方公共団体が徴収する地方税で調達することが望ましいが，実際には各地方公共団体の産業構造や人口などに大きな差があり，地方税だけでその費用を賄うことは困難である。その結果，財政格差が生じ，住民福祉に不均衡が生ずることがあるため，その均衡を図る観点から，また，国が本来行うべき事務を地方公共団体に委任する場合があり，その行政水準を統一する必要から，次のような例外措置が講じられている。

① 国庫支出金……ⓘ国会議員の選挙事務や国の統計調査の経費などに充てるための国庫委託金，ⓘⓘ義務教育費・生活保護費などの法律に基づいて地方公共団体が行うこととされている事務の経費に充てる国庫負担金，ⓘⓘⓘ国として特定の事業を奨励するために，あるいは財政上の支援を目的として交付する国庫補助金によって構成される。これらは，それぞれ特定の目的のみに充てられる

ものである。

② 地方譲与税……国税として徴収した税の一部または全部を一定の客観的な基準に従って地方公共団体に譲与するものである。実質的には地方自治体の財源であるが、課税上の便宜などの理由から国税として徴収している。

③ 地方交付税……国が地方公共団体の財源の偏在を調整することを目的として交付するものである。これは、地方公共団体が自由に使用できる一般財源で、地方公共団体の運営の自主性を損なうことなく財源の均衡を図り、地方行政の計画的な運営を保障するものである。その原資は、所得税、酒税、法人税、消費税及びたばこ税の一定割合として定められている。地方交付税には一般交付税と特別交付税がある。前者は、一般的な財政需要（基準財政需要額：日々の財政運営に必要な経費を積算したもの）に対する財源不足額を計算し、これに相応するものとして交付される。後者は、普通交付税としては措置されない個別・緊急の財政需要（自然災害による被害等）に対する財源不足額に相応するものとして交付される。

（3）地方債

地方債は、地方公共団体が発行する公債である。債務の履行が一般会計年度を越えて行われるものをいう。起債する場合には、予算で、起債の目的、限度額、起債及び償還の方法等を定めなければならない（地方自治法第230条）。

地方債は、ⅰ財政上の収入と支出の年度間の調整、ⅱ施設建設などの場合における住民負担の世代間の公平を確保するための調整、ⅲ一般財源の補完などの役割がある。地方公共団体にとっては重要な財源であるが、後年度にわたる借入金であり、いずれ返済しなければならない。しかし、税収が減少する一方で、行政需要は増大しており、これに伴う財源不足を補うために発行された地方債の残高は膨大な額にのぼっている。

地方公共団体が起債を行い、起債の方法や利率を変更する場合などには、総務大臣又は都道府県知事と協議することとされており（地方財政法第5条の3）、また財政悪化を示す指標が基準値を超えた場合には、「許可」を必要とするなど国等による一定の関与が定められている（同法第5条の4）。

（4）図書館への財政支援等

　図書館予算の財源としては，地方交付税において，基準財政需要額に公立図書館の平均的な運営経費が含まれているが，地方交付税は一般財源に繰り入れられるものであり，基準財政需要額中の公立図書館分の金額を何に支出するかは，地方公共団体の判断に委ねられている。図書館の建設及び運営に関する国の補助金については，図書館法第20条１項で規定しており，かつては，文部科学省は，図書館を設置しようとする地方公共団体に対し図書館建設に要する費用の一部を補助してきたが，1997（平成９）年度限りで廃止されている。このため，現在では，地方公共団体が図書館を建設する場合には，当該地方公共団体が，起債を含め，独自の財源を充てるか，または，他の補助金制度を活用する方法が採られている。

8．地方公務員法

（1）地方公務員制度の基本理念

　現在の地方公務員制度は，日本国憲法の下で，地方公務員法の制定によって，民主的で科学的な制度として確立された。この近代的な公務員制度においては，公務員は，住民全体に奉仕することを基本的な性格と位置づけられ，また，一方では，無定量な奉仕関係にたつものではなく，法令等の定めに従って労務を提供し，その対価である給与により生計を維持する勤労者でもある。職員の採用，昇任，昇給等の措置は成績主義によることとされ，また，行政の安定，継続性，能率性を確保し，公正な行政運営を維持するため，さらには，職員の身分を保障するため，職員の政治的行為には一定の制限が加えられるなど，政治的中立が求められる。

（2）地方公務員の義務

　地方公務員には特別職と一般職とがある。前者は地方公共団体の長や議員など住民の選挙によって選任された者，副知事，副市町村長，行政委員会の委員

など議会の同意を前提として任命される者などであり，一般職とは特別職以外の者をいう。地方公務員法は，原則として，一般職に適用される。

公務員には，全体の奉仕者としての地位を持つために，次のような義務が課せられている。

①職務専念義務……法律または条例に特別の定めがある場合を除き，勤務時間中は，注意力をすべてその職務遂行のために用い，地方公共団体がなすべき責を有する職務にのみ従事することが求められる。この義務が解除されるのは，裁判員の職務等の法的義務を履行する場合や研修の受講等公務の遂行を一時中断してもやむを得ないと考えられる場合に限られる。

②法令及び上司の命令に従う義務……職員は，その職務を遂行するに当たって，法令，条例等に従うとともに，上司の命令に忠実に従わなければならない。上司の命令が違法であると疑われる場合には，その旨意見具申し，なお命令の履行を求められた場合には，従うべきものである。この場合，上司の命令が違法であったとき，当該職員の責任が問題となる。上司の命令に重大かつ明白な瑕疵がある場合には，職員はこれに従うべきではないが，違法であるかどうか疑わしいという場合には，一応適法の推定が働くため，職員は当該命令が取り消されるまではこれに従う義務がある。結果として，上司の命令が違法であった場合には，当該職員については，命令による行為の違法性は阻却され，免責されるものと解される。

③信用失墜行為の禁止……職員は，その職の信用を傷つけ，職全体の不名誉となるような行為をしてはならない。職権濫用や汚職などの職務上の行為はもちろん，痴漢行為や飲酒運転等も，勤務時間外の行為でも，社会通念上信用を失う行為に当たる。

④秘密を守る義務……職員は，職務を行うに当たって知り得た秘密を漏らしてはならない。この義務は，勤務時間内だけではなく，勤務時間外や職務を離れた後も課せられる。秘密とは，一般に知られていない事実で，客観的に見てそれが明らかになると，公共の利益や特定の個人の利益を侵害するものをいう。

⑤政治的行為の制限……職員は，政党等の政治団体の結成に参加し，役員になることが禁じられ，また，その勤務する地方公共団体の区域内において，一定の政治目的のために一定の政治的活動を行うことが禁じられている。

⑥争議行為の禁止……職員は，いかなる場合であっても争議行為を行ってはならない。

⑦営利行為への従事制限……職員は，任命権者の許可を受けなければ，勤務時間の内外を問わず，営利企業の役員を兼ねることや自ら営利企業を営むこと，あるいは報酬を得て何らかの事務事業に従事することが禁じられている。

(3) 分限と懲戒

分限とは，その職に必要な能力に欠けている場合や，病気等で長期の療養が必要な場合など一定の理由に該当し，職員が職責を全うできない場合に，任命権者が行う，職員の意に反する不利益な身分上の変動をもたらす処分をいう。これには，免職（公務員としての職を奪う），休職（職を保有したまま職務に従事させない），降任（現在任用されている職よりも下位の職に任用する），降級（現に支給されている給料額よりも低い給料に決定する）の四つの処分がある。

懲戒処分とは，公務員の勤務関係の秩序維持のために，職員に何らかの非違行為その他一定の義務違反があった場合に，任命権者が職員の道義的責任を問うために行う不利益な処分をいう。免職・停職・減給・戒告の4種がある。いわゆる文書訓告は，職員に不適切な行為があった場合に，文書により厳重に注意するもので，地方公務員法上の懲戒処分ではない。

(4) 地方公務員の権利

職員は，与えられた職務を遂行し，労務を提供し，その対価として給与その他の手当等を受ける権利を有する。こうした経済的権利等の勤務条件に関する権利が侵害された場合や不利益処分を受けた場合に救済を求めるため，第三者機関である人事委員会（または公平委員会）に対し，一定の請求をすることができる。

3章　図書館法

　本章では図書館法について解説する。図書館法は，戦前の図書館令に代わる法律として，1950(昭和25)年4月30日に公布・施行され，以来，何度も改正が重ねられている。とくに，「規制緩和」「地方分権」という国の政策のもとでの改正（1997年7月），教育基本法の改正を受けた改正（2008年6月）の内容は重要である。また，法制定当時の文部省社会教育局長　西崎恵による解説書『図書館法』[1]には，図書館法制定の際の理念が述べられており，参考になる。

1．図書館法の構成

　図書館法は，第1章総則，第2章公立図書館，第3章私立図書館，及び附則から成る。第1章総則は，公立図書館（第2章），私立図書館（第3章）に共通する事項について規定している。附則には，施行期日や経過措置に関する事項が規定されている。

　なお，第11～12条，第18～19条，第21～22条，第24条は，これまでの法改正により条文が削除されている。

3-1表　図書館法の構成

第1章　総則（第1～9条）
第2章　公立図書館（第10～23条）
第3章　私立図書館（第24～29条）
附則

2．逐条解説

　第1条から順を追って，条文の趣旨や語句の解釈等を解説する。全般的に図

1：西崎恵. 図書館法. 新装版. 日本図書館協会, 1970, 202p.

書館法は，それぞれの地域による主体的判断を尊重しており，図書館サービスや運営の原則を示す内容となっている。したがって，各条文の趣旨を十分に理解し，その上で，条文に示された内容を豊かに展開するサービスを実現していくことが求められる。

(1) 第1章　総則

第1条は，図書館法の目的を示す条文である。図書館の健全な発達は，国民の教育と文化の発展をもたらすという考え方，図書館法が社会教育行政の基本的なあり方を規定する社会教育法のもとに制定されているという法体系上の位置づけ，及び，その内容が図書館の設置・運営に関する事項であることが示されている。なお，文化とは，「人間が自然に手を加えて形成してきた物心両面の成果」で，「衣食住をはじめ技術・学問・芸術・道徳・宗教・政治など」きわめて幅広い内容を含むものである[2]。

第2条では，この法律が適用される図書館の定義として，その基本的機能（収集，整理，保存，提供）と設置主体を規定している。図書館がその機能を果たすための"図書，記録その他必要な資料"については，第3条1号で"郷土資料，地方行政資料，美術品"等の収集にも十分留意することが求められている。また，提供について"一般公衆の利用に供し"としていることは，図書館が一般の人々，すなわち，すべての住民を対象としていることを示している。したがって，図書館の目的とされる"教養，調査研究，レクリエーション等に資する"の「調査研究」の主体は，特定の専門家ではなく，ごく一般の人々による日常生活における行為として理解する必要がある。

設置主体については，「地方公共団体」「日本赤十字社」「一般社団法人」「一般財団法人」とされ，地方公共団体が設置する図書館を公立図書館とし，日本赤十字社，一般社団法人（公益社団法人を含む），一般財団法人（公益財団法人を含む）のいずれかが設置する図書館を私立図書館としている。

公立図書館の設置主体である地方公共団体は，地方自治法第1条の3で規定された普通地方公共団体（都道府県，市町村）と，特別地方公共団体（特別区，

2：新村出. 広辞苑. 第5版. 岩波書店, 1999, p.2380.

地方公共団体の組合，財産区）が該当する。都道府県や市町村，特別区等が設置する図書館をわが国では「公共図書館」と呼ぶことが一般的であるが，図書館法では「公共図書館」という用語は使用していない。

　日本赤十字社は，1952(昭和27)年に日本赤十字社法が制定され，当時の日本赤十字社の図書館が，活発な活動を展開していたという背景により，私立図書館の設置主体として挙げられている。

　一般社団法人と一般財団法人は，近年の公益法人制度改革に伴い制定された「一般社団法人及び一般財団法人に関する法律」（2006年6月公布，2008年12月施行）を受けて，それまでの「民法第34条の法人」に替わり，新たに私立図書館の設置主体として掲げられた[3]。例えば，東京子ども図書館（公益財団法人東京子ども図書館），石川武美記念図書館（一般財団法人石川武美記念図書館），池田文庫（公益財団法人阪急文化財団）などが該当する。

　なお，本条で定義される公立・私立図書館には著作権法第31条（図書館資料の複製が一定の要件のもとで著者の許諾なく許容される）が適用される。

　第3条には，第2条で規定した図書館の具体的な活動内容が示されている。着目すべきは次の3点である。

　一つは，図書館の活動を Library Service の訳語である「図書館奉仕」という用語で表していることである。法制定当時には「人々に奉仕する機関」を新しい図書館像として表す意義は大きかったとされる。

　二つ目は，「土地の事情及び一般公衆の希望に沿い」と，地域の状況や地域住民の要望等を踏まえた活動を展開するという点である。このことは，図書館サービスの理念を表すものとして理解する必要がある。

　三つ目は，第1～9号の9項目にわたる図書館奉仕の具体的な内容が，あくまでも例示だということである。後述の「図書館の設置及び運営上の望ましい基準」には，より多様なサービスが示されている。第1号については，示されている資料の他にも，あらゆる形態の資料が図書館資料の対象となりうる。「電磁的記録」とは，具体的にはCDやDVD，各種のデータを収録したCD-ROMなどのパッケージ系電子資料が該当する。また第2～6号は，資料の組

3：一般社団法人，一般財団法人の設立，組織，運営及び管理等については，「一般社団法人および一般財団法人に関する法律」を参照のこと。

織化，レファレンスサービス，相互貸借，全域サービス，各種会合の主催・奨励等，一般の人々が図書館資料を十分に利用できるようにするためのさまざまな取り組みを定めている。なお，「レコード及びフィルム」「閲覧所」「配本所」「貸出文庫」等の語句は，法制定当時の用語のままで，必ずしも今日の状況と一致していない。図書館資料の利用のための相談（第3号）は，現在に至っても十分行われているとは言い難く，より一層の取り組みが必要とされる。時事に関する情報・参考資料の紹介と提供（第7号）は，情報サービスに関する規定で，現在の課題解決支援に通じるものである。第8号の，学習成果を活用した活動の機会の提供は，2008(平成20)年の法改正で新たに追加された事項で，活動の機会についてはボランティア活動にとどまらず，図書館として適切な機会を検討する必要がある。学校，博物館，公民館，研究所等の図書館以外の各種機関との連携（第9号）については，近年多くの具体的事例が見られる状況にある。

　第4〜6条は，図書館の専門的職員である司書・司書補に関する職務や資格に関する規定である。今日，「司書」は，館種を問わず，図書館で専門的な職務に携わる職員の呼称として用いられる場合もあるが，法律上は，第2条で規定する公立図書館・私立図書館の専門的職員のみに適用される職名である。司書・司書補となるための資格取得に必要な専門的知識・技術の修得には，大学における図書館に関する科目の履修（司書のみ），もしくは司書・司書補の講習の修了のいずれかが必要であり，それぞれの科目名，単位数等は図書館法施行規則（文部科学省令）で定めることを規定している。2009(平成21)年4月には図書館法施行規則が改正され，「図書館に関する科目」及び「講習科目」の科目名・単位数等が定められた。

　第7条から7条の4までは，2008年の法改正により新たに加えられた規定である。国（文部科学大臣），都道府県（教育委員会）による司書・司書補の研修，国（文部科学大臣）による設置及び運営上望ましい基準の制定，各図書館による運営の状況に関する評価とその情報提供など，総じて図書館運営の向上を図るための規定によって構成されている。

　"図書館の設置及び運営上望ましい基準"（第7条の2）は，国が，公立・私立図書館のあるべき姿を，より具体的に示すものである。ただし，その内容は

法的強制力をもつものでもなく，財政的措置の保障を伴うものでもない。法改正以前は，公立図書館のみを対象とする「公立図書館の設置及び運営上望ましい基準」に関する条文が第2章に置かれ，「公立図書館の設置及び運営上の望ましい基準」が2001（平成13）年7月に告示されていた。法改正により，この条文は削除され，改めて私立図書館を含む基準についての条文が第1章に定められたという経緯がある。本条文に基づき，文部科学省は，公立・私立図書館を対象とする「図書館の設置及び運営上の望ましい基準」を2012（平成24）年12月に告示した。

運営の状況に関する評価の実施（第7条の3）では，図書館が運営の評価を行い，その結果をもとに改善を図ることが定められており，経営サイクルの必要性が条文として明示されている。

地域住民や関係者に対する運営状況の積極的な情報提供についての規定（第7条の4）は，特に公立図書館では，利用者であり，納税者でもある住民に対する説明責任の観点からも重視する必要がある。

第8条は，都道府県域における都道府県立・市町村立図書館間の協力体制を実現するための規定であり，第3条第4号に示された他館種との相互貸借の規定とともに，図書館相互協力による図書館サービスの向上を志向する根拠を与えるものといえる。

第9条では，国の刊行物が都道府県立図書館に提供されること，及び国や地方公共団体が発行した各種の資料が，公立図書館の求めにより無償で提供されることを規定しており，公立図書館が行政情報の提供機関としての役割を果たすことが想定されている。なお，2008年の第196国会における文部科学省の答弁では，国の刊行物の都道府県立図書館への提供は「無償」を想定していることが確認された。

（2）第2章　公立図書館

第10条では，公立図書館の設置は，設置者である地方公共団体の条例で定めることが規定されている。公立図書館は，他の社会教育機関と共に，または，図書館単独の設置条例によって設置される。図書館法では，公立図書館の設置を義務付けず，地方公共団体と地域住民の意思決定に委ねている。したがって，

実際には公立図書館を設置していない市町村も存在する。

　第13条は，公立図書館の職員と館長に関する規定である。条文中の「専門的職員」とは，第4条1項の「司書及び司書補」であり，公立図書館における司書・司書補の配置を求める内容となっている。"教育委員会が必要と認める"とする文言は，人数や要件等についての自治体の裁量権を尊重していると考えられる。一方で，実際には，近年の厳しい財政状況の影響もあり，司書・司書補の専任職員数は減少傾向にある。また，司書・司書補の配置を制度化している地方公共団体も限られている。こうした状況は，公立図書館の長年にわたる重要な課題の一つである。前述の「図書館の設置及び運営上の望ましい基準」では，"市町村教育委員会は，市町村立図書館が専門的なサービスを実施するために必要な数の司書及び司書補を確保するよう，その積極的な採用及び処遇改善に努める（中略）ものとする"としている。

　図書館長が達成に努めなければならない「図書館奉仕の機能」とは，第3条に示された地域に根ざした具体的なサービスである。図書館長の任務は『これからの図書館像〜地域を支える情報拠点をめざして〜（報告）』[4]の次の文言から理解する必要がある。

　　　図書館長は，社会や地域の中で図書館が持つ意義や果たすべき役割を十分認識し，その実現に向けて職員を統括し，迅速な意思決定を行うことが必要である。
　　　特に，地方公共団体の首長・行政部局や議会に対して，図書館の役割や意義を理解してもらうよう積極的に働きかけを行うことが必要である。また，図書館職員に対しては，社会のニーズや行政の施策を理解させることによって，それらと図書館サービスの関わりを見出し，結びつけることができるよう配慮すべきである。

「図書館の設置及び運営上の望ましい基準」では，図書館長は"図書館サービスその他の図書館の運営及び行政に必要な知識・経験とともに，司書となる資格を有する者を任命することが望ましい"としている。

4：これからの図書館の在り方検討協力者会議．"これからの図書館像：地域を支える情報拠点をめざして（報告）"．国立国会図書館インターネット資料収集保存事業（WARP）．PDF, http://warp.da.ndl.go.jp/info：ndljp/pid/286184/www.mext.go.jp/b_menu/houdou/18/04/06032701/009.pdf,（参照2013-05-23）．

第14〜16条は，図書館協議会に関する規定である。図書館協議会は，図書館運営に住民の意思を反映することを制度化したものであり，第3条の"土地の事情及び一般公衆の希望に沿い"を保障する具体的な仕組みの一つである。図書館長の諮問事項に対して答申を出すとともに，図書館サービスに関しては，住民ニーズや利用実態を踏まえて自ら意見具申を行うことができる。

　図書館協議会が効果的に機能するための要件は，委員構成と図書館長の運営能力である。委員については，図書館法施行規則（文部科学省令）に示された「学校教育及び社会教育の関係者，家庭教育の向上に資する活動を行う者並びに学識経験のある者」という基準を参酌（参考にして長所を取り入れること）しつつ，適任者を得ることが重要である。また図書館長には，図書館協議会の答申や意見具申の内容を尊重し施策に活かす姿勢が求められる。条文では，図書館協議会を"置くことができる"とされ，設置を義務づけていない。運営の活性化と設置の拡大が今後の課題である。

　第17条では，近代公共図書館の「無料の原則」を規定している。戦前の「図書館令」では有料制が容認されていたが，図書館法では，住民がその収入にかかわりなく，図書館を利用できるようにするため，制定当初から一貫して，対価徴収は「してはならない」という，強制力を伴う規定となっている。これは，「ユネスコ公共図書館宣言1994」の「公共図書館は原則として無料」という考え方とも一致している。

　ただし，無料制は「入館料」と「図書館資料の利用に対する対価」について適用され，それ以外の，例えば文献複写や集会室の利用，延滞等について無料とするか否かは，地方公共団体の政策判断に委ねられている。インターネットや外部データベースへのアクセスの費用負担に関しても，国の見解では，第3条の「図書館資料」に該当しないために無料制の適用外であるとされ，地方公共団体の裁量とされている。実態としては，定額制の料金システムの普及により，利用時間を制限しつつ無料で提供する場合が多い。

　第20，23条は，図書館振興についての国の補助金に関する規定であり，第7条における「望ましい基準」とともに，公立図書館に対する国の役割を示すものである。ただし，施設整備のための補助金は1997年度限り，設備整備に関する補助金は2003年度限りで廃止されている。

（3）第3章　私立図書館

　第25条は，都道府県教育委員会が，私立図書館からの求めに応じて，私立図書館の設置・運営に関する専門的技術的指導・助言ができることを定めている。

　第26条は，国や地方公共団体と私立図書館の関係が，いわゆる「ノーサポート，ノーコントロールの原則」に基づくことを示す規定である。国や地方公共団体は，私立図書館の自主性・自律性・独立性を尊重するものとし，事業に対する干渉や設置者に対する補助金の交付が禁止されている。ただし，第27条では，国や地方公共団体が私立図書館の求めに応じて"必要な物資の確保につき援助"することができるとしている。これは，法制定当時の経済状況下での，入手困難な物資を想定したものである。

　第28条では，私立図書館の有料制が認められており，公立図書館（第17条）とは対照的な内容である。私立図書館では，自らの運営方針や判断のもとでの，サービスに対する受益者負担が可能である。

　第29条は，第2条で示された設置者以外の団体，あるいは個人が，図書館と同種の機能を果たす施設を自由に設置し，活動することを認めるもので，それらの施設を公立・私立図書館以外の「図書館同種施設」として，位置づけている。例えば，個人，任意団体，NPO法人の設置する図書館などが該当する。図書館法には，「図書館」という名称を公立・私立図書館以外に使用してはならないとする，名称独占規定は存在しないため，図書館同種施設も「図書館」と称することができる。

　他方，地方公共団体が設置者であっても，教育委員会が所管せず，首長部局が所管する施設（すなわち，教育委員会の責任・権限で管理しない施設）の場合には，図書館法上では図書館同種施設となる。こうした施設は，しばしば「図書館法によらない図書館」と称され，その是非に関する議論が行われている。首長部局が所管する図書館[5]が，図書館法の趣旨に沿って運営される場合も少なくない。

5：2011年10月1日現在では，全国の公立図書館3249館のうち106館が該当する（文部科学省．平成23年度社会教育調査報告書．日経印刷，2013，696p.）。

4章 | 他館種の図書館に関連する法規

　本章では，国立国会図書館，学校図書館法の概要と，大学図書館を規定する大学設置基準，専門図書館の一つである議会図書館を規定する地方自治法，そして，福祉施設としての側面を有する点字図書館を規定する身体障害者福祉法について解説する。

1．国立国会図書館法

　国立国会図書館法は，国立国会図書館の組織と機能の根拠となる法律であり，わが国の納本制度について定めた法律でもある。国会法第130条の"議員の調査研究に資するため，別に定める法律により，国会に国立国会図書館を置く"に基づいて制定されており，法体系上では国会法のもとに位置づけられる。

　1947(昭和22)年に国会の要請により来日した米国図書館使節団が，日本側との協議を経て作成した覚書の内容に基づいて法案が作成され，国会での審議を経て1948(昭和23)年に成立した。前文，12章28条，附則より構成される（4-1表）。

　前文には，"真理がわれらを自由にするという確信に立つて，憲法の誓約する日本の民主化と世界平和とに寄与することを使命として，ここに設立される。"とする設立理念が示されている。1961(昭和36)年に開館した東京本館の壁には，文中の「真理がわれらを自由にする」[1]という文言が，初代館長金森徳次郎の筆跡で刻まれている（4-1図）。

　以下，条文の内容を各章ごとに解説する。

　第1章では，「国立国会図書館」という名称とともに（第1条），サービス対象を国会議員，行政・司法の各部門，国民とすること（第2条），"中央の図書

1：国立国会図書館．"真理がわれらを自由にする"．国立国会図書館 Web サイト．http://www.ndl.go.jp/jp/aboutus/shinri.html，（参照2014-12-25）．

4-1表　国立国会図書館法の構成

前文
第1章　設立及び目的（第1～3条）
第2章　館長（第4～8条）
第3章　副館長並びにその他の職員及び雇傭人（第9～10条）
第4章　議院運営委員会及び国立国会図書館連絡調整委員会（第11～13条）
第5章　図書館の部局（第14条）
第6章　調査及び立法考査局（第15～16条）
第6章の2　関西館（第16条の2）
第7章　行政及び司法の各部門への奉仕（第17～20条）
第8章　一般公衆及び公立その他の図書館に対する奉仕（第21～22条）
第9章　収集資料（第23条）
第10章　国，地方公共団体，独立行政法人等による出版物の納入（第24～24条の2）
第11章　その他の者による出版物の納入（第25～25条の2）
第11章の2　国，地方公共団体，独立行政法人等のインターネット資料の記録
第11章の3　オンライン資料の記録
第12章　金銭の受入及び支出並びに予算（第26～28条）
附則

4-1図　東京本館の壁に刻まれた「真理がわれらを自由にする」
（国立国会図書館デジタル化資料より）

館"と"支部図書館"から構成されること（第3条）を規定している。現在，"中央の図書館"に該当するのは，東京本館と関西館（第16条の2）であり，"支部図書館"は，国際子ども図書館（第22条）と行政・司法各部門の図書館（第20条）である。

第2章は，館長に関する規定である。館長は，衆・参両議院の議長が，両議院の議院運営委員会と協議した後に，国会の承認を経て任命すること（第4条），その職務として，諸規程の制定（第5条），両議院の議長への経営・財政報告（第6条），国内刊行物の目録・索引の作成と提供（第7条），法令索引の作成（第8条）があることを定めている。現在，この第7条を根拠として，NDL-OPAC（国立国会図書館蔵書検索・申込システム）及び国立国会図書館サーチから「全国書誌」[2]が提供されている。また，第8条に基づいて日本法令索引データベース[3]が公開されている。

　第3章では，副館長と職員について規定している。副館長は，館長が衆・参両議院の議長の承認を経て任免し，その職務は図書館事務に関する館長の補佐等である（第9条）。職員は国会職員法の規程により館長が任命し（第10条），国会職員（国会に勤務する職員）としての身分を持つ。

　第4章では，国立国会図書館が国会の監督を受けるあり方として，衆・参両議院の議員運営委員会による審査と（第11条），両議院の議員運営委員長，最高裁判所裁判官，国務大臣（文部科学大臣）の4名で構成する連絡調整委員会によるサービス改善に関する勧告の実施（第12～13条）を定めている。

　第5～6章は，図書館内部の部局の設置に関する規定である。組織の詳細は国立国会図書館組織規程等に委ねられているが，調査及び立法考査局と関西館の設置やその職務はここに示されている。調査及び立法考査局の職務内容を規定した第15条には，国会議員の国会活動に対する具体的なサービスとして，以下の事項が示されている。

- 法案・案件の分析評価を通じて両議院の委員会を補佐すること
- 両議院，委員会および議員に対し国政審議に役立つ資料・情報を提供すること
- 求めに応じて議案起草のサービスを行うこと

なお，第15条4号では，国会議員の"必要が妨げられない範囲において"，

2：国立国会図書館．"「全国書誌」への収録及びその提供について"．国立国会図書館Webサイト．http://www.ndl.go.jp/jp/aboutus/deposit/end.html，（参照2014-12-25）．
3：国立国会図書館．"日本法令索引"．http://hourei.ndl.go.jp/SearchSys/index.jsp，（参照2013-05-28）．

行政・司法各部門や国民へのサービスを行うものとされており，サービス対象者としての国会議員の相対的な優位性が示されている。

　第7章は，行政・司法部門に対するサービスの規定である。"国の図書館資料を行政及び司法の各部門のいかなる職員にも利用できるようにする"（第17条2号）とともに，行政・司法各部門の図書館（例えば，厚生労働省図書館，総務省図書館，会計検査院図書館，最高裁判所図書館など）を第3条で規定する支部図書館とし，立法・行政・司法の三権の図書館を一つの組織体とすることを定めている（第20条）。行政部門の支部図書館については，「国立国会図書館法の規定により行政各部門に置かれる支部図書館及びその職員に関する法律」において，設置に関する具体的な内容が規定されている。また，司法部門の最高裁判所図書館については，裁判所法第14条の3で定められている。

　第8章では，国民に対するサービスについて規定している。ただし，両議院，委員会，議員，行政・司法各部門からの"要求を妨げない限り，日本国民がこれを最大限に享受することができるようにしなければならない"（第21条）とあり，法律上では，国民は，国会，行政・司法部門に次ぐ3番目のサービス対象として位置づけられている。サービスの内容は，館内閲覧，図書館間貸出サービス，複写や展示などによる図書館資料の提供や，国内刊行物に関する総合目録の作成のほか，"あらゆる適切な方法により，図書館の組織及び図書館奉仕の改善につき，都道府県の議会その他の地方議会，公務員又は図書館人を援助する"として，国内の図書館に対する支援も含まれている。

　第9～11章は，資料の収集に関する規定である。購入，寄贈，交換，遺贈，行政・司法各部門からの移管による資料収集や，納本，インターネット資料の収集について定めている。

　第10章の納本制度に関する規定によって，国立国会図書館は，わが国の納本図書館とされている。発行者に対しては，主に以下の事項を課している（第24～25条）。

- 国や地方公共団体の出版物は，公用や国際交換等の目的のために，規定の部数を"直ちに"納入すること
- 民間の出版物については，"文化財の蓄積及びその利用に資するため，発行の日から三十日以内に，最良版の完全なもの一部"を納入すること

また，納本の対象となる出版物の種類が，図書，雑誌・新聞のほか，地図，楽譜，レコード，点字資料，ビデオ，CD，DVDなどの広範囲に及ぶことも規定している（第24条）。2009(平成21)年7月の法改正によって，国，地方公共団体，独立行政法人等がインターネットを通じて提供した資料を，館長権限により，国立国会図書館の記録媒体（磁気ディスク等）に複製・保存することができるとする条文が新たに追加された（第25条の3）[4]。これによって，国立国会図書館の収集資料の範囲が拡大し，同館の果すべき役割も拡大した。

第12章では，図書館にかかる経費の支出や，予算処理に関する館長の職務内容について定めている。

以上のように，国立国会図書館法は，国立国会図書館のさまざまな業務の基本的内容を規定しているが，より具体的で実質的な内容は，利用規則や複写規程，納本制度審議会規程などの諸規則・規程に定められている。

2．学校図書館法

学校図書館法は，学校図書館（小・中・高等学校等の図書館）の設置に関する根拠法で，その役割や機能を規定している。1947(昭和22)年に学校教育法施行規則が制定され，第1条で"学校には，その学校の目的を実現するために必要な校地，校舎，校具，運動場，図書館又は図書室，保健室その他の設備を設けなければならない"と定めている。条文中の「学校」は，学校教育法第1条で定める大学以下のすべての学校が該当するため，この条文は，学校図書館と大学図書館の設置の根拠として位置づけることができる。

1948年には，学校図書館のあるべき姿を示した『学校図書館の手引』（文部省編）も刊行され，その後，全国の学校に図書室が設けられたことにより，図書館予算と司書教諭の配置が急務となった。そのため，当時創立された全国学校図書館協議会は，学校図書館法の制定を求める請願署名運動等を行った。学校図書館法は，このような状況を背景として，超党派の議員立法により，1953(昭和28)年7月に成立した。

4：このことに伴い，著作権法も改正された（著作権法第42条の4）。

成立当初は3章15条の構成であったが，その後の法改正により，現行法は全体で8条より成る。各条文の要点は，以下のとおりである。

第1条では，学校図書館を，"学校教育において欠くことのできない基礎的な設備"であるとし，学校図書館が学校教育において必要不可欠な存在であることを示している。

第2条では，この法律における「学校図書館」を，次のように定義している。

- 小学校，中学校，高等学校，中等教育学校（前期課程，後期課程），特別支援学校（小学部，中学部，高等部）における設備であること
- 図書，視聴覚教育の資料，その他学校教育に必要な資料を図書館資料の範囲とし，それらを収集，整理，保存，提供する機能を果たすこと
- 図書館サービスの対象は，児童，生徒，教員であること
- 「学校の教育課程の展開に寄与する」ことと，「児童又は生徒の健全な教養を育成する」ことを目的とすること

「教育課程の展開に寄与する」と「児童生徒の健全な教養を育成する」の二つの目的において，学校図書館の独自性，すなわち公立・私立図書館や国立国会図書館等との違いが示されている。学校図書館には，授業などの教育活動への積極的な関わりや，読書活動の推進等による，児童生徒の知識，教養，そして豊かな感性や創造力等を育む役割が求められている。

第3条では，第2条で規定するすべての学校において，"学校図書館を設けなければならない"ことを定めて，学校図書館の設置を義務づけている。この規定にもとづき，法制定当時より現在まで，わが国のすべての学校には，学校図書館が設置されている。

第4条は，学校図書館の運営に関する規定である。資料の収集・提供，分類排列，目録の整備などの基本的な事項はもとより，読書会や研究会，資料展示会などの行事，図書館利用者教育，公立図書館や博物館等との連携・協力，学校図書館の一般公開など，多彩な内容が明記されており，本条文を根拠とする各図書館のさまざまな取り組みが期待されている。特に公立図書館との連携については，図書館法の"他の図書館，（略）学校に附属する図書館又は図書室と緊密に連絡し，協力し，図書館資料の相互貸借を行うこと"（第3条4号）に対応する趣旨である。また，一般公開については，あくまで"支障のない限

度において"とされ，第2条で示された二つの目的の遂行が優先される。

第5条では，専門的職務を担う司書教諭について規定している。まず1項で，"司書教諭を置かなければならない"とする司書教諭の必置が明記され，2項以下で，司書教諭は，講習において文部科学省令で定める内容を修了した教諭であること，その講習は文部科学大臣の委嘱を受けた大学やその他の教育機関が行うことなどが示されている。

司書教諭の必置規定（1項）については，附則第2項に，"学校には，平成15年3月31日までの間（政令で定める規模以下の学校にあつては，当分の間），第5条第1項の規定にかかわらず，司書教諭を置かないことができる"と規定されている。附則第2項は，法制定当初から1997（平成9）年に至るまで，「司書教諭の設置の特例」として「当分の間」は「置かないことができる」と定めていた。この猶予規定により，法制定時から約半世紀にもわたり，ほとんどの学校で司書教諭は配置されていなかったのである。

1997（平成9）年の法改正[5]によって，2003（平成15）年4月1日からは，政令[6]で定める12学級以上の学校に対しては，第5条の必置規定が適用されることになった。法改正の意義は大きく，2012（平成24）年5月現在の，12学級以上の学校における司書教諭の配置（発令）状況は，小学校99.6％，中学校98.4％，高等学校95.9％である[7]。ただし，司書教諭は「専任」とされておらず，11学級以下の学校は，引き続き"当分の間""置かないことができる"状況にある。

2項以下は，司書教諭の養成に関する規定で，「学校図書館司書教諭講習規程」（文部科学省令）には，履修すべき科目や単位数等が規定されている。1998（平成10）年に制定された現在の5科目10単位の講習内容については，内容が不十分との理由により，科目数・単位数の増加を求める意見も少なくない。

第6条は，2014年6月の法改正[8]によって新たに加えられた，学校司書に関

5：学校図書館法の一部を改正する法律（平成9年法律第76号）。
6：学校図書館法附則第2項の学校の規模を定める政令（平成9年6月11日政令第189号）。
7：文部科学省初等中等教育局児童生徒課．"平成24年度「学校図書館の現状に関する調査」結果について（概要）"．文部科学省Webサイト．2013-03．PDF, http://www.mext.go.jp/a_menu/shotou/dokusho/link/__icsFiles/afieldfile/2013/05/16/1330588_1.pdf,（参照2014-12-25）．
8：学校図書館法の一部を改正する法律（平成26年法律93号）。

する規定で，学校には，司書教諭のほかに，"専ら学校図書館の職務に従事する職員"である学校司書を置くように"努めなければならない"とされている。

第7〜8条では，学校の設置者や国に，学校図書館の整備充実を図る任務があることを規定している。特に，国の任務としては，学校図書館整備，司書教諭の養成に関する総合的計画の樹立が明記されている。

3．大学設置基準

大学図書館を対象とする単独の法律はない。この点が，公立図書館，学校図書館，国立国会図書館との大きな違いである。ただし，大学図書館に関する規定としては，学校教育法に基づく学校教育法施行規則第1条（本章「2．学校図書館法」参照）と大学設置基準（文部科学省令）がある。

大学設置基準は，大学が質の高い教育・研究を行い，学生が安心して学べることを公的に担保することを目的として定められた，大学の設置に必要な最低基準である。全体で11章より成り，教育研究上の基本組織や収容定員，教育課程，卒業の要件等を定めている。大学図書館については，校地，校舎等の施設及び設備等を定めた第8章の第36条に，その組織や規模に応じて備えるべき施設として，次のように掲げられている。

 （校舎等施設）
 第36条　大学は，その組織及び規模に応じ，少なくとも次に掲げる専用の施設を備えた校舎を有するものとする。ただし，特別の事情があり，かつ，教育研究に支障がないと認められるときは，この限りでない。
 一　学長室，会議室，事務室
 二　研究室，教室（講義室，演習室，実験・実習室等とする。）
 三　図書館，医務室，学生自習室，学生控室

したがって，わが国における大学（厳密には，学校教育法第4条1項により文部科学大臣が認可した大学）には，同基準を根拠として大学図書館が設置されている。

さらに，第38条は，大学図書館の資料，サービス，職員，施設について，次のように定めている。

（図書等の資料及び図書館）
　第38条　大学は，学部の種類，規模等に応じ，図書，学術雑誌，視聴覚資料その他の教育研究上必要な資料を，図書館を中心に系統的に備えるものとする。
　2　図書館は，前項の資料の収集，整理及び提供を行うほか，情報の処理及び提供のシステムを整備して学術情報の提供に努めるとともに，前項の資料の提供に関し，他の大学の図書館等との協力に努めるものとする。
　3　図書館には，その機能を十分に発揮させるために必要な専門的職員その他の専任の職員を置くものとする。
　4　図書館には，大学の教育研究を促進できるような適当な規模の閲覧室，レファレンス・ルーム，整理室，書庫等を備えるものとする。
　5　前項の閲覧室には，学生の学習及び教員の教育研究のために十分な数の座席を備えるものとする。

　大学設置基準には，かつては，図書や学術雑誌の冊数や種類数等に関する数量基準が示されていたが，1991（平成3）年の大幅な改正（大綱化）によりそれらが撤廃され，上記のように質的な基準を示す内容となった。充実に向けた具体的な取り組みは，個々の大学図書館に委ねられている。
　なお，短期大学図書館，高等専門学校図書館については，「短期大学設置基準」及び「高等専門学校設置基準」に，大学設置基準とほぼ同じ内容で，設置，資料，職員，施設等が規定されている。

4．地方自治法（第100条19項）

　専門図書館は多種多様な主体が設置する図書館から成るため，全体について定めた法律はないが，地方議会図書室（都道府県，市町村の議会に設置される図書室）については，地方自治法で規定している。第100条は，地方議会の調査権について定めている。19項では，地方議会図書室を地方議会に附置することを，下記のように義務づけている。

　　　議会は，議員の調査研究に資するため，図書室を附置し前二項の規定により送付を受けた官報，公報及び刊行物を保管して置かなければならない。

また同条20項では，"前項の図書室は，一般にこれを利用させることができる"としており，地方議会図書室を一般の人々の利用に供することができることが規定されている。

地方議会図書室は，同条17〜18項に基づいて，政府や都道府県から地方議会に送付される官報や公報や刊行物を保管する役割を担っている。また，地方議会図書室は，地方議員が長の提出する議案や政策，または行財政運営について検討する際に，あるいは，自ら議案を提出する際に，必要とする資料や情報を提供する役割を果たすことが期待されている。"多少大げさな表現をすれば，議員・議会はこれによってはじめて，長・執行機関への対抗軸としての機能（中略）を果たすための知的基盤を持つことになる"という指摘もある[9]。

したがって，実際の運営にあたっては，法律で規定された官報・公報，刊行物以外にも，議員による調査活動を支援するための，法規や各種の行政資料，統計情報，地方自治関連図書・雑誌等の収集や，有効なサービスを提供するための専任職員の配置など，専門図書館としての要件を備えることが求められる。

実態としては，現在の地方議会図書室の活動は，このような法の趣旨からは遠い状況にあると言わざるをえない。なお，多くの自治体では，開館時間や資料の管理，貸出期間や冊数などを地方議会図書室規程等によって定めている。

5．身体障害者福祉法

身体障害者福祉法第34条は，点字図書館の法的根拠であり，点字図書の収集，貸出，点訳，録音図書の貸出や製作，さらに，視覚障害者向けの生活情報の提供などを行うことを定めている。

身体障害者福祉法は，"身体障害者の自立と社会経済活動への参加を促進するため，身体障害者を援助し，及び必要に応じて保護し，もって身体障害者の福祉の増進を図る"ことを目的として（第1条），1949(昭和24)年に制定された。身体障害者の自立への努力を提唱するとともに，あらゆる分野の活動への

9：片山善博．"図書館のミッション"．丸善ライブラリーニュース復刊第3号．丸善．2008-08-20．PDF，http://www.maruzen.co.jp/business/edu/lib_news/pdf/library_news155_02-03.pdf，（参照2013-05-28）．

参加機会を確保するための，国，地方公共団体および国民の責務が明らかにされている。図書館法や学校図書館法，大学設置基準が教育行政を担う文部科学省の所管であるのに対して，この法律は社会福祉行政を担う厚生労働省が所管し，同省の社会・援護局障害保健福祉部障害福祉課がその具体的な事務を担っている。このように，点字図書館は更生援護施設であり，この点で，他の図書館とは役割や意義が異なっている。

　点字図書館は，同法第5条に定義される「身体障害者社会参加支援施設」の「視聴覚障害者情報提供施設」に該当する施設であり，身体障害者福祉センター，補装具製作施設，盲導犬訓練施設と同種のものとされる。第34条では視聴覚障害者情報提供施設について，次のように規定している。

　　　視聴覚障害者情報提供施設は，無料又は低額な料金で，点字刊行物，視覚障害者用の録音物，聴覚障害者用の録画物その他各種情報を記録した物であつて専ら視聴覚障害者が利用するものを製作し，若しくはこれらを視聴覚障害者の利用に供し，又は点訳（文字を点字に訳すことをいう。）若しくは手話通訳等を行う者の養成若しくは派遣その他の厚生労働省令で定める便宜を供与する施設とする。

　また，厚生労働省令として，「身体障害者社会参加支援施設の設備及び運営に関する基準」が定められており，そこでは，点字図書館は"視聴覚障害者情報提供施設のうち点字刊行物及び視覚障害者用の録音物の貸出しその他利用に係る事業を主として行うもの"と定義され（第34条1項），閲覧室，録音室，印刷室等の設備，施設長や司書，点字指導員などに関する基準が規定されている（第35条，第38条）。

5章 子どもの読書活動, 文字・活字文化の振興に関連する法規

　本章では, 図書館活動の目的の一つである「読書」に関わる法律について解説する。以下の二つの法律は, いわゆる「読書離れ」が国会において議論の対象となり, それへの対処が国の政策的課題となったことから, 議員立法により制定されたものである。これらの法律では, 図書館を読書環境の重要な要素として位置づけ, 公立図書館と学校図書館の充実を求めている。したがって, 図書館振興については, 図書館法や学校図書館法よりも詳しく具体的に規定している。また, 法律の主眼はあくまでも「読書環境の整備」であり, 各自の読書活動の「自主性」は尊重すべきものとされている。

1. 子どもの読書活動の推進に関する法律

(1) 制定に至る経緯

　この法律の成立過程には, 子どもの「読書離れ」の指摘に対する, 党派を越えた国会議員による取り組みがあった。

5-1表　子どもの読書活動の推進に関する法律の成立過程

1993年12月	「子どもと本の議員連盟」設立
1995年6月	「国際子ども図書館設立推進議員連盟」設立 (2000年に「子どもの未来を考える議員連盟」に改組)
1999年8月	「子ども読書年に関する決議」採択(衆参両議院本会議)

　こうした背景のもとに, 1997(平成9)年の学校図書館法改正[1]や, 2000(平成

1:制度論4章を参照のこと。

12)年の国際子ども図書館の部分開館（2002年全面開館），2001(平成13)年の子どもゆめ基金創設と民間団体への助成開始など，子どもの読書活動の推進を図る方策が次々と実現された。1999(平成11)年の「子ども読書年に関する決議」では，次のように示されている。

> 政府は，読書の持つ計り知れない価値を認め，国立の国際子ども図書館が開館する平成12年（西暦2000年）を「子ども読書年」とし，国を挙げて，子どもたちの読書活動を支援する施策を集中的かつ総合的に講ずるべきである。（衆議院）
> 本院は，この読書の持つ計り知れない価値を認識して，子どもたちの読書活動を国を挙げて応援するため，平成12年，西暦2000年を「子ども読書年」とすることとする。（参議院）

子どもの読書活動の推進に関する法律は，これらの決議文の趣旨の実現をめざすもので，「子どもの未来を考える議員連盟」が法律案を作成し，議員立法により国会に提出され，2001(平成13)年12月に成立，公布・施行された。

（2）法律の内容

法律は11か条からなり，主な内容は次のとおりである。

第1条では，この法律の目的は，子どもの読書活動の推進に関する施策の推進を図ることにあるとしている。

第2条では，"子どもが，言葉を学び，感性を磨き，表現力を高め，創造力を豊かなものにし，人生をより深く生きる力を身に付けていく上で"読書活動は不可欠なものであるとして，子どもの読書活動の意義を示すとともに，すべての子どもの自主的な読書活動のための積極的な環境整備が推進されなければならない，としている。読書活動の「意義」，「自主性」の尊重，「読書環境の整備」の必要性が，法律の基本理念として示されている。なお，法律が対象とする「子ども」は「おおむね18歳以下」と規定されている。

第3～6条では，国と地方公共団体による施策の策定と実施の「責務」，事業者による"子どもの健やかな成長に資する書籍等の提供"の「努力」，保護者による読書活動の機会の充実や習慣化の「役割」というように，子どもの読

書活動における主体ごとの関与のあり方が示されている。

　第7条では，国・地方公共団体が，関係機関等との連携強化に努めることを規定しており，図書館は学校や民間団体等とともに連携機関の一つとして明記されている。

　第8～9条では，政府による「子ども読書活動推進基本計画」，都道府県・市町村による「子ども読書活動推進計画」の策定と公表について定めている。

　第10条では，4月23日を「子ども読書の日」とし，それにふさわしい事業を実施するものとしている。この条文の趣旨に基づき，多くの公立図書館等では，毎年この日の前後に子どもの読書に関する多彩なイベントを実施している。

　第11条は，施策を実施するために必要な財政措置等に関する，国や地方公共団体の努力義務を規定している。

（3）衆議院文部科学委員会における附帯決議

　法律の制定過程では，衆議院文部科学委員会で附帯決議が行われた。附帯決議とは，衆・参両議院の各委員会が法律案を可決する際に，法律に対する希望などを当該委員会の意思として表明するものである。法律案とは別に議決され，法律的な拘束力を有するものではないが，本会議で報告されるとともに，政府はこれを尊重することが求められる。以下のとおり，全体で6項目にまとめられており，学校図書館・公立図書館等の整備充実の必要性や，図書館における図書購入の自主性の尊重などが明記されている。

　　衆議院文部科学委員会における附帯決議
　　　政府は，本法施行に当たり，次の事項について配慮すべきである。
　一　本法は，子どもの自主的な読書活動が推進されるよう必要な施策を講じて環境を整備していくものであり，行政が不当に干渉することのないようにすること。
　二　民意を反映し，子ども読書活動推進基本計画を速やかに策定し，子どもの読書活動の推進に関する施策の確立とその具体化に努めること。
　三　子どもがあらゆる機会とあらゆる場所において，本と親しみ，本を楽しむことができる環境づくりのため，学校図書館，公共図書館等の整備充実に努めること。
　四　学校図書館，公共図書館等が図書を購入するに当たっては，その自主性を尊重

五　子どもの健やかな成長に資する書籍等については，事業者がそれぞれの自主的判断に基づき提供に努めるようにすること。
　　六　国及び地方公共団体が実施する子ども読書の日の趣旨にふさわしい事業への子どもの参加については，その自主性を尊重すること。

2．文字・活字文化振興法

(1) 制定に至る経緯

　この法律は，超党派の国会議員286名から成る活字文化議員連盟において法律案がまとめられ，議員立法によって2005(平成17)年7月に成立，公布・施行された。成立に至る過程は，以下のように概観することができる（5-2表）。

5-2表　文字・活字文化振興法の成立過程

2003年7月	(1996年に発足した活字文化議員懇談会を継承する形で) 活字文化議員連盟が設立される
2004年4月	活動計画の基本方針に，活字文化振興基本法（仮称）の制定を目指すことを挙げる
2005年3月	ワーキングチームによる「文字・活字文化振興法案（骨子案）」と，「施行に伴う施策の展開」が，連盟の総会に提出される（その後，4月11日のシンポジウムで公表）

(2) 法律の内容

　全体で12か条からなり，前半の第1～6条には基本的な考え方や責務の所在などが示されており，後半の第7～12条では具体的な振興策を規定している。主な内容は次のとおりである。
　第1条では，この法律の目的が，文字・活字文化の振興に関する施策の推進を図ることにあるとしている。
　第2条では，「文字・活字文化」を次のように定義している。

- 活字その他の文字を用いて表現されたものを読み・書くことなどの精神的な活動
- 出版活動その他の文章を人に提供するための活動
- 出版物など，上記二つの活動の文化的所産

例えば，日記や手紙・メール，ブログや論文等で文章を書くこと，図書や新聞・雑誌を読むこと，及び，それらを出版すること，さらに，こうした行為を通じて生み出された日記や手紙，図書，新聞，雑誌などはすべて「文字・活字文化」に該当すると解される。

第3条は，文字・活字文化の振興に関する施策を推進する基本理念を以下のように示している。
- 国民の自主性が尊重されるべきであること
- すべての国民が等しく豊かな文字・活字文化の恵沢を享受できる環境の整備を行うものとすること
- 国語が日本文化の基盤であることに十分配慮しなければならないこと
- 学校教育では言語力の涵養に十分配慮しなければならないこと

第4～6条では，国と地方公共団体による施策の策定と実施の責務，及び，施策の実施における関係機関等との連携強化を規定している。図書館は，連携する関係機関の一つとして，教育機関や民間団体とともに明記されている。

第7条では，地域における文字・活字文化の振興方策として，次の2点を定めており，公立図書館の重要性と期待の高さが示されている。
- 市町村による，必要な数の公立図書館の設置と適切な配置
- 国・地方公共団体による，司書の充実，図書館資料の充実，情報化の推進，公立図書館の運営の改善・向上のための施策の実施

その他，大学図書館の一般開放，大学等による文字・活字文化に貢献する活動の促進，民間団体の支援等のための国・地方公共団体の施策の実施について規定している。

第8条では，学校教育における言語力の涵養のための国・地方公共団体による施策の実施を定めている。特に2項では，学校図書館について，"司書教諭及び学校図書館に関する業務を担当するその他の職員"の充実，図書館資料の充実，情報化の推進等の整備に関する施策の実施を求めており，先の第7条と

併せて、図書館の充実が不可欠な要素とされている。なお、条文中の「学校図書館に関する業務を担当するその他の職員」は、学校図書館法第6条に規定された「学校司書」に該当すると理解される。

第9～10条では、翻訳や学術研究成果の出版活動に関して、国が必要な支援策を実施することを規定している。

第11条では、10月27日を「文字・活字文化の日」とし、国や地方公共団体がふさわしい行事を実施することを求めている。この日は、公益社団法人読書推進協議会が定める読書週間の第1日目でもあり、11月初旬にかけて、各種の図書館、出版社、書店、新聞社や関連団体などにより、文字・活字文化への関心や理解を深める趣旨の多彩なイベントが実施されている。

第12条では、施策を実施するために必要な財政措置等に関する国や地方公共団体の努力義務を規定している。

6章　図書館のサービス・経営に関連する法規

　本章では，図書館の提供するサービスに関連するいくつかの法律と図書館に勤務する職員に適用される法律について，概説する。これらの法律には，図書館を対象として定められていないものもあるが，これらを理解しておくことは図書館を管理・運営する場合に必要である。なお，本章でも，公立図書館を取り上げる。とくに断らなければ，図書館とは公立図書館を指す。

1．著作権法と図書館

（1）はじめに

　著作権法は，1970（昭和45）年に制定された法律で，人間の知的活動の結果生み出された成果を著作権として保護することを目的とする。すなわち，同法は，著作物を創作する者に，財産権としての著作権や著作者人格権を付与し，その利益を保護するとともに，著作物に密接に関連している実演者，レコード製作者，放送事業者及び有線放送事業者に対して著作隣接権を付与し，著作権に準ずる保護を与えている。ちなみに，著作物とは，思想または感情を創作的に表現したもので，文芸，学術，美術または音楽の範囲に属するものをいう。

　著作権は，人間の精神的な創造的活動の成果を保護し，排他的な支配権を認めることによって，人間の創作的活動に意欲を与え，社会における文化的・産業的な発展を得ることを目的としているが[1]，一方で，その成果は，人類文化の発展のためにも利用されるべきものである。そのため，著作権法では，"文化的所産の公正な利用に留意しつつ，著作者等の権利の保護を図り，もって文化の発展に寄与する"こととし，一定の場合に著作権者等の権利を制限して，著

1：名和小太郎．"知的財産権"．図書館情報学ハンドブック．第2版，丸善，1999，p.61．

作物を他者が無許諾で利用できるようにしている。

　著作権法では，著作権者と利用者側の利害の調整が行われており，技術の変化等に応じて，毎年のように法改正が行われ，徐々に利用者側の権利が拡大される傾向にある。

（2）図書館における著作権

　図書館に関係する著作権関係の規定の概要は，おおむね次のとおりである。

　まず，図書館資料を利用者の求めに応じて，有線または無線で，ファクシミリや電子メール等の通信方法で送信するには，著作権者の許諾が必要である。これらは，著作権法上「公衆送信」と呼ばれ，著作権者が著作物の公衆送信権を専有しており（第23条1項），図書館サービスの場合でも，権利が制限されないからである。

　図書館サービスにおいて著作権者の権利が制限される規定として，図書館利用者から図書館資料の複製を求められた場合が挙げられる。図書館は，複製の目的が調査研究の用に供するためであること及び公表された著作物の一部分の複製物を一人につき一部提供することを条件として，複製をすることができる（第31条1項1号）。この場合には，図書館が設置した複製機器によることが想定されている。その他に，図書館は，図書館資料の保存のため必要がある場合及び他の図書館の求めに応じ，絶版その他これに準ずる理由により一般に入手困難な図書館資料の複製物を提供する場合には，その図書館資料の全体を複製することができる（同項2・3号）

　図書館は，視覚障害者のために図書館資料を点字により複製することができ，パソコンによる点訳も可能である。後者の場合，点訳の過程で点字データ保存のために記録媒体に保存し，またはネットワーク等により送信する（自動公衆送信する）こともできる。さらに，司書等を置いている図書館は，視覚障害者等（視覚障害者その他視覚による表現の認識に障害のある者をいう）に対し，録音によるほか，拡大文字，布の絵本，立体絵本等の当該視覚障害者等が利用するために必要な方式によるサービスの提供が可能である。また，図書館は，聴覚障害者等（聴覚障害者その他聴覚による表現の認識に障害のある者をいう）のために，聴覚著作物の音声部分を文字化する等の当該聴覚障害者等が利

用するために必要な方式によって複製し，これを自動公衆送信することができ，また，もっぱら当該聴覚障害者向けの貸出用に供するために複製を行うことも可能である。ただし，上記の2点については，著作権者またはその許諾を受けた者もしくは著作権法第79条の出版権を設定した者により当該方式による公衆への提供または提示が行われている場合には，この限りでない（37条，37条の2）。

　図書館は，営利を目的とせず，聴衆または観衆から料金を取らず，実演家等に対し報酬が支払われなければ，映画，CD，DVDなど公表された著作物を自由に（著作権者の許諾を得ずに），上演し，演奏し，上映し，口述することができる。さらに，映画以外の図書館資料を，営利を目的としないで，かつ，貸与される者から料金を受けなければ，貸し出すことができる（第38条4項）。また，映画の著作物を，営利を目的とせず，かつ，貸与される者から料金を受けなければ，貸し出すこともできるが，その場合には，著作権者に補償金を支払わなければならない（第38条5項）。

　ただし，実際にこの補償金制度が機能したことはない。多くの図書館では，貸出許諾の得られた映画の著作物を一般市場よりも高額で購入し，これを「著作権処理済み」として，無料で利用者に貸し出している。なお，図書館におけるビデオ映画の上演については，日本図書館協会と権利者団体の間で，「合意書」を締結している。

（3）国立国会図書館による図書館資料の自動公衆送信等

　2012(平成24)年6月に公布された著作権法の一部を改正する法律において，国立国会図書館による図書館資料の自動公衆送信等に係る規定の整備が行われた。国立国会図書館は所蔵資料の電子化を進めているが，電子化された資料をインターネットにより広く国民が利用できるようにするために，著作権法第31条3項を新設し，電子化された国立国会図書館の資料のうち，絶版などの理由により一般に入手が困難な図書館資料を，地方公共団体が設置する図書館や大学図書館等で利用者に提示する場合には，自動公衆送信することができることとした。また，これらの図書館に送信された資料の一部分を，利用者の求めに応じてプリントし，提供することができることとした。

2．公共サービス基本法と図書館

（1）法の趣旨

　2009(平成21)年7月に施行された公共サービス基本法は，国・地方公共団体（独立行政法人，地方独立行政法人を含む）が公共サービスを提供する際の理念や指針を定めた法律で，全11条から成る。この法律が制定された背景には，特に地方公共団体において，行政改革の実施による職員定数の削減に伴い，公共サービスの委託化・外注化が進む中で，地方財政の悪化によって委託費等の切り下げが行われた結果，公共サービスの質の低下が懸念されていることが挙げられる。

　この法律の目的は，"公共サービスが国民生活の基盤となるものであることにかんがみ，公共サービスに関し，基本理念を定め，及び国等の責務を明らかにするとともに，（略）公共サービスに関する施策を推進し，もって国民が安心して暮らすことのできる社会の実現に寄与する"ことである（第1条）。

　また，公共サービスとは，"国又は地方公共団体の事務又は事業であって，特定の者に対して行われる金銭その他の物の給付又は役務の提供"や"国又は地方公共団体が行う規制，監督，助成，広報，公共施設の整備その他の公共の利益の増進に資する行為"などで，"国民が日常生活及び社会生活を円滑に営むために必要な基本的な需要を満たすものをいう"と定義されている（第2条）。

（2）基本理念と基本的施策

　公共サービス基本法では，基本理念として，次の5項目が掲げられている。
1　安全かつ良質な公共サービスが，確実，効率的かつ適正に実施されること
2　多様化する国民の需要に的確に対応するものであること
3　国民の自主的，合理的な選択の機会が確保されること
4　必要な情報及び学習の機会が国民に提供され，国民の意見がサービスの

実施等に反映されること

5　サービスの実施により苦情又は紛争が生じた場合には，適切かつ迅速に処理され，又は解決されること

これらは"国民の権利であることが尊重され，国民が健全な生活環境の中で日常生活及び社会生活を円滑に営むことができるようにすることを基本として，行われなければならない"とされている（第3条）。

これを受けて，同法では四つの基本的施策が示されている。

第1に，公共サービスを委託した場合の役割分担と責任の明確化である（第8条）。最終的な責任は，委託者である国及び地方公共団体にある。委託に際しては，委託者と受託者の役割分担を明確にし，責任の所在を明らかにし，責任の押し付け合いなどがあってはならない。

第2に，国民の意見の反映等である（第9条）。国及び地方公共団体は，公共サービスに関する施策の策定過程の透明性を確保し，国民の意見を反映させるため，公共サービスに関する情報を適宜適切な方法で公表し，国民の意見を求めるために必要な措置を講ずること及び当該意見を踏まえてサービスの実施等について不断の見直しを行うことが求められている。

第3に，公共サービスによる利益を享受する国民の立場に立った公共サービスの実施に関する配慮である（第10条）。行政活動の効率化の観点から，公共サービスのあり方の見直しが必要であるが，公共サービスの質の低下を招くようなことがあってはならない。これは二律背反の要請であり，バランス感覚が問われるところである。

第4に，公共サービスの実施に従事する者の労働環境の整備である（第11条）。現在の地方公共団体では，職員の総人件費と職員定数の削減が求められており，その結果，不足する人数を臨時・非常勤職員で埋めている。業種によっては，業務内容は正規職員と大きく異ならないにもかかわらず，給与は正規職員に比較して低く抑えられている。

また，業務委託契約に係る入札や指定管理者の選定に際して，落札金額や委託金額が低く抑えられた結果，その業務を実際に担う労働者の人件費を含めた労働条件が大幅に切り下げられるという状況も認められる。

この結果，現実に公共サービスを担う労働者が，その処遇の低さの故に"責

任を自覚し，誇りをもって誠実に職務を遂行"（第6条）できない場面も想定される。そこで，第11条では，公共サービスの質を確保するためには，これを担う従事者の労働環境を適正に保つことが不可欠であるとの視点に立って，国及び地方公共団体に対し所要の施策の実施を求めている。

(3) 公共サービス基本法と図書館

公共サービス基本法の要請は，図書館にも妥当する。図書館では，これまで以上に住民に対する適切なサービスの提供が求められる。

3. 個人情報保護制度と図書館[2]

(1) 個人情報保護の必要性

近年における情報処理技術や通信技術の飛躍的な発展に伴い，情報の価値がいっそう高まり，社会全般に強い影響を及ぼすようになっている。このことは個人情報についても同様である。すなわち，公的部門では，各種の行政事務の適正な執行と多様化する行政需要に対応したきめ細かな行政サービスを提供するために，また，民間部門でも，商品の宣伝や販路の拡大，消費者ニーズの把握，顧客名簿の管理など多種多様な経済活動を行うために，個人情報が大量かつ広範に集積され，加工され，利用されている。

このような個人情報の集積及び利用は，社会生活上大きな利便をもたらしている半面，個人情報の取扱いに適正を欠いた場合には，個人の私生活に関する権利利益の侵害等の問題が生ずるおそれがある。特に，本人の了承なしに個人情報を収集したり，収集した個人情報を本来の目的外に使用したりするようなことがあってはならない。

このため，行政機関が保有する情報はもちろん，民間事業者が保有する情報についても適切な取扱いを求める必要があり，国の行政機関等を対象とした「行政機関の保有する個人情報の保護に関する法律」，民間事業者を対象とした

2：新保史生. 図書館と個人情報保護法. 情報管理. 2005, vol.47, no.12, p.818-827.

「個人情報の保護に関する法律」等の法律が制定されている。地方公共団体にはこれらの法律は適用されず，地方公共団体では，「個人情報保護条例」が制定されている。

行政機関の保有する個人情報の保護に関する法律における「個人情報」の定義は，「生存する個人に関する情報であって，当該情報に含まれる氏名，生年月日その他の記述等により特定の個人を識別することができるもの（他の情報と照合することができ，それにより特定の個人を識別することができることとなるものを含む）」となっている。なお，個人情報とプライバシーは同義ではなく，プライバシーとして保護される情報は個人情報の一部である。

（2）図書館における個人情報保護

地方公共団体が設置した公立図書館が保有する個人情報には，その図書館を設置した地方公共団体の個人情報保護条例が適用される。図書館では貸出を受けた図書館利用者の氏名等を中心に，相当量の個人情報が管理されている。図書館に集積されている個人情報としては次の四つの類型が考えられる。

①図書館利用者の個人情報（貸出利用登録等の際に申告した氏名，住所，生年月日等）

②図書館利用者の利用内容に係る情報（貸出サービス等で利用した図書館資料の書名，著者名，分類記号等の書誌事項をはじめとする利用記録の情報）

　この情報だけでは特定の個人を識別できない場合でも，個人に付された番号等と照合することによって，特定の個人を識別できる場合は，個人情報として取り扱わなければならない。

③図書館資料として管理している資料に記載されている個人情報

④図書館職員その他図書館に勤務する者の個人情報

このうち，①，②，④は，地方公共団体の個人情報保護条例による保護の対象となる。これらの個人情報の管理は，現在ではほとんど例外なくコンピュータによる管理方法で処理されており，しかも，インターネットに接続させない閉鎖的な方法が用いられている。ただし，パソコンやメモリの盗難や紛失，図書館システムの不備による情報の流出等の事故が起きているため，十分な注意

3．個人情報保護制度と図書館　｜　67

が必要である。多くの図書館では，地方公共団体の個人情報保護条例等を基に「個人情報の取り扱いについて（プライバシーポリシー）」等の規定が設けられ，公開されている。

　③の図書館が住民に提供するために管理している資料に含まれている個人情報については，通常，地方公共団体が定める個人情報保護条例で，その条例の規定の全部または重要部分を適用しないことを定めている。これは，これらの個人情報は，法律（図書館法第2条）に基づいて一般公衆に提供されていること，出版等によって公にされたものであることによるものと考えられる。

　したがって，図書館資料にプライバシー侵害の可能性のある記事や記述を含む個人情報が掲載されていたとしても，個人情報保護条例は適用されない。このような場合の対応は，各図書館の判断に委ねられている。図書館資料は，一般の住民の利用に供するために収集し，整理し，保存されているものであるから，その利用を制限する場合には，図書館利用規則等によって，その基準が定められるべきであり，恣意的な判断に基づき行われるべきではない。例えば，週刊誌などに少年法上匿名性が求められる犯罪被疑者の実名が公表された場合に，図書館が独自の判断でその雑誌を開架から撤去する等利用者の利用を制限する措置を講じるのであれば，あらかじめ明確な基準を用意する必要がある。

（3）図書館と委託事業者等との関係

　最近では図書館業務の外注化が進み，指定管理者制度を導入する例も散見される。図書館の管理運営に民間事業者が進出した場合における個人情報の取扱いについては，個人情報保護条例にも，行政機関の保有する個人情報保護に関する法律に倣って，「委託に伴う措置」を規定することが通例である。また，その措置内容は，個人情報保護条例中に規定されるだけではなく，委託事業者については委託契約書の中で，指定管理者については協定書の中で，改めて個人情報保護の徹底を求めることとなる。この場合，契約書や協定書に盛り込まれる事項としては，例えば，当該事業者の個人情報保護方針の有無及びその内容，個人情報保護のための責任者の設置状況及びその権限の内容，範囲等，個人情報の漏えい等の事故が発生した場合における地方公共団体と事業者の責任の分担内容等が挙げられる。

4．指定管理者制度と図書館

　2003(平成15)年6月の地方自治法一部改正によって，地方公共団体が設置する公の施設に対して，これまでの管理委託制度に代わって，指定管理者制度が導入された。「公の施設の設置の目的を効果的に達成するため必要があると認めるときは，条例の定めるところにより」「法人その他の団体で」「当該普通地方公共団体が指定する」団体に公の施設の管理を委任することが可能になった（第244条の2第3項）。管理を委任するために地方公共団体が指定する団体を指定管理者といい，この制度を指定管理者制度という。公立図書館は公の施設であるため，指定管理者制度の対象となる。

　地方自治法の一部改正前は，管理委託制度があり，公の施設の管理は，地方公共団体，財団法人・社団法人などの公共的な団体あるいはこれに準ずる団体が行うことができた。法改正によって，これまでの財団法人・社団法人に加えて，営利法人（民間企業）やNPO法人，市民団体など，営利・非営利を問わず，広範な団体に代行させることが可能となった。これは，小泉政権下における公的部門への民間事業者の参入機会の拡大方針に基づき行われたもので，これによって，民間事業者のノウハウを活用した公の施設の管理運営が可能になると説明された。

　法改正前には，図書館は，図書館法上直営が想定されており，管理委託になじまないとする見解が多数であり[3]，また実際に図書館を管理委託した例は少数にとどまっていた。したがって，指定管理者制度を図書館に導入することについても，同様の疑問が示されている[4]。しかしながら，市町村立図書館を中心に指定管理者制度を導入している事例が徐々に増加している。

　指定管理者の選定は，指定管理者の指定という行政処分によるものであり，業務委託契約を締結するものではない。地方公共団体は，指定管理者と協定を

3：海部文部大臣は，1986年当時，衆議院予算委員会で，図書館の基幹的な業務については民間委託になじまないとの見解を示した。
4：片山総務大臣は，2011年1月5日の閣議後の記者会見で，公立図書館に指定管理者制度はなじまない旨発言している。

締結して具体的な管理の内容を決定することとなるが，これは民事上の契約ではない。また，指定管理者は指定を受けた公の施設に係る許認可権限も行使することができる。他方で，管理を委ねる指定管理者に対する地方公共団体の監督権限が強化拡充されている。

指定管理者が，公の施設の管理運営に際して利用者に何らかの損害を与えた場合は，指定管理者ではなく，施設の設置者である地方公共団体が，国家賠償法に基づき，その損害を賠償する責任を負う。

5．民法と図書館

（1）はじめに

形式的な意味での民法とは，1896(明治29)年に制定された民法典をいう。民法典は，総則，物権，債権，親族，相続の5編から構成され，条文数は1000か条以上に及ぶ。一方，実質的な意味における民法には，民法典に関連するさまざまな法律，例えば，不動産登記法，借地借家法，利息制限法，製造物責任法なども含まれ，市民の社会生活の中の広範な領域を守備範囲としている。

民法は，市民社会の法的なルールを定めるものである。ただし，国や地方公共団体も，市民と同様の立場で法律関係に登場する場合には，民法が適用される。図書館に必要な消耗品や物品を調達する場合には，民間事業者と売買契約を締結して購入しており，特別法がないかぎり，国・地方公共団体でも特別に扱われるわけではない。

民法は，上記のとおり大部な法律であるため，図書館の管理運営に関連すると思われる個所について概観するに留める。

（2）図書館の利用関係に対する民法の適用関係

図書館には公立図書館と私立図書館がある。このうち，公立図書館の設置・管理・運営は，条例及び規則によって規定されるため，例えば図書館資料の貸出という利用関係も民法上の使用貸借ではなく，条例・規則に基づく公法上の利用関係になる。私立図書館における利用関係は，公立図書館とは異なり，そ

の利用は私立図書館が提示した利用約款に基づくため，その法律関係は民法上の施設利用契約に基づく利用関係になる。以下では，もっぱら公立図書館について述べ，特に断らなければ，図書館とは公立図書館を指す。

　図書館の利用関係は，教育委員会規則としての「図書館利用規則」によって規律されることとなるが，民法の適用可能性が完全に排除されるものではない。図書館の利用関係は，本質的に権力的なものではなく，図書館利用規則も，多数の利用者が円満に図書館を利用できるようにするために調整を図るという側面が強い。したがって，その利用が何らかの理由によって阻害された場合でも，権力的に対応するのではなく，民事的な手法を採用しつつ図書館利用の支障を除去していく場面があることに注意しなければならない。

(3) 損害賠償

　図書館利用者が図書館資料を汚損・破損した場合には，図書館の管理者である教育委員会が，地方公共団体を代表して，汚損・破損した者に対して同種の現物の給付または金銭による賠償を求めることになる。この場合，図書館利用規則中にその旨の規定がない場合に，賠償を求めることができるかどうかが問題となり得る。

　結論としては，図書館利用規則に直接の規定がない場合でも，図書館資料を汚損・破損した者に対して賠償を求めることは可能であり，その根拠は民法第709条である。図書館資料は，図書館が管理する財産であり，汚損・破損は，財産権に対する侵害行為であるから，民法上の不法行為として賠償責任を追及することができる。

(4) 図書館資料を返却しない者に対する返還請求

　図書館資料の貸出は公法上の利用関係であるが，利用者が借りた資料を期限までに返却せず，何度も督促しても応じない場合でも，図書館職員が利用者の自宅に赴き，図書館資料を強制的に回収するなどの権力的な対応はできない。公法上の義務であっても，法的根拠なしには，強制的手段によってその履行を確保することはできないのであって，地方自治法にも図書館法にもこのような場面を想定した規定は設けられていない。

したがって，図書館として何らかの法的手段を講じようとするならば，当該利用者に対して図書館資料の返還を求める民事訴訟を提起し，その確定判決をもって執行官による強制執行を行う方法をとることとなる。

なお，図書館において期限までに返却されない図書館資料が多数存在する場合，適正な財産管理を怠ったとして地方自治法第242条に基づく住民監査請求が行われた例があり，また，さらに進んで同法第242条の2に規定する住民訴訟が提起される可能性もある。

(5) 図書館における業務委託

図書館では，警備，清掃，施設設備の点検補修，図書館業務に関するコンピュータ管理システムの開発・維持・補修など多分野の業務が行われている。これらの業務は，図書館法が予定している図書館としての基幹的な業務ではなく，地方公共団体が直接行わなければならないものではない。そこで，管理運営の合理化の観点から，民間事業者への業務委託が行われている。この場合，個々の業務を適切に行うことができる事業者に個別に委託することが通常の形態で，地方公共団体と民間事業者との間で民法上の業務委託契約が締結される。

ところで，相当数の図書館で，図書館資料の出納，貸出に係る窓口業務，書誌データ等の作成，移動図書館の運行など，以前であれば，図書館職員が直接行ってきた業務や，さらに進んで，図書の選定，収集，除籍，レファレンスなどの基幹的な業務と認識されてきた業務についても，民間事業者に委託する例がある。これらは，行政改革の要請等によるものであり，地方公共団体の政策として行われるものであって，最終的には当該地方公共団体の意思に委ねられるものであるが，さまざまに議論を呼んでいる。

6．労働関係法規と図書館

(1) はじめに

図書館法上の図書館には公立図書館と私立図書館があり，そこに正規職員として勤務する図書館職員の身分は，前者であれば地方公務員であり，後者であ

れば民間団体の職員である。ただし，公立図書館に勤務する図書館職員でも，指定管理者の従業員であれば公務員ではなく，また，非正規職員としてアルバイトや期限の定められた嘱託職員として勤務する場合には，別の問題が生ずる。

（2）公務員に対して適用される労働法制

戦後当初は，公務員にも原則として労働基準法，労働組合法が適用されていた。しかし，公共部門の労働運動の高まりを受けた占領政策の転換により，労働法の適用を原則として排除する法改正が行われた。1948（昭和23）年12月に国家公務員法改正が行われ，地方公務員についても，同趣旨の地方公務員法の改正が1951（昭和26）年2月に施行されている。

現在の地方公務員に係る労働基本権の制限状況は，以下のとおりである。

6-1表　地方公務員に係る労働基本権の制限状況

	警察職員・消防職員	一般の地方公務員（教育職員を含む）	地方公営企業職員及び単純労務職員
団結権	×	△（労働組合ではなく職員団体制）	○
団体交渉権	×	△（協約締結権×）	○
争議権	×	×	×

○：あり　△：あり（制限つき）　×：なし

以上のとおり，一般の地方公務員は，労働組合法に基づく労働組合を結成することはできないが，地方公務員法に基づく職員団体を結成することができるという意味では団結権が認められている。職員団体は当局側と団体交渉を行うことはできるが，民間の労働組合とは異なり，その結果を労働協約（使用者と労働組合との間で結ばれた労働条件や労使関係を規律する書面による合意をいう）として締結することはできない。公務員の場合，賃金，勤務時間，休日・休暇などの労働条件は，基本的に法律ないし条例で定められることになっており，当事者間の合意でこれを左右することはできないからである。

したがって，地方公務員である図書館職員は，職員団体に加入することがで

き，当該職員団体が行う団体交渉に参加することができるが，労働協約締結権がないので，仮に労働条件について当局側と職員団体との間で何らかの合意事項が形成されたとしても，その合意事項は，公務員の処遇を規定している条例や規則の改正を待って実現されることになる。

　このような労働基本権の制限は，憲法第28条に規定する労働基本権を侵害するものとして違憲ではないかとの疑問が生ずる。公務員も，国または地方公共団体に一定の労働を提供し，その反対給付として給与の支給を受け，それによって生計を維持している点では，民間企業の労働者と異なるところはないからである。ただ，公務員は全体の奉仕者として公共の利益のために勤務するものであるため，民間企業の労働者と同一視することは困難とされている。したがって，公務員の労働基本権もその観点から一定の制限を受けざるを得ない。

　こうした労働基本権の制限に対する代替措置として，地方公共団体では人事委員会（または公平委員会）が設置され，公務員の労働条件について，見直しの必要があれば，地方公共団体に対し所要の措置を講ずるよう勧告等を行っている。

（3）指定管理者の従業員である図書館職員に適用される労働法制

　図書館に指定管理者制度が導入された場合には，当該指定管理者は民間団体であるため[5]，そこに勤務する図書館職員も公務員ではなく民間団体の職員となり，労働組合法，労働基準法及び労働関係調整法の労働法がすべて適用される。したがって，その労働条件は，労働基準法に基づく民間団体の就業規則や労働契約法に基づく労働契約によって定められ，その変更等は団体交渉による労働協約により決定することができる。

（4）臨時・非常勤職員として勤務する図書館職員に関する労働問題

　地方公共団体に任用されている臨時・非常勤職員数は，総務省調査によれば

5：厳密にいえば，指定管理者は民間団体でなければならないわけではなく，地方公共団体も他の地方公共団体の公の施設について指定管理者として管理できないわけではないが，図書館については想定できないし，その例もない。

2008(平成20)年4月1日現在で約50万人を数え[6]，同年における正規の地方公務員数が約290万人であるから，地方公共団体に勤務する職員全体の約15％を占めている。地方公共団体では，正規職員数の減少と臨時・非正規職員数の増大が同時に進んでおり，職員の臨時・非常勤職員化が顕著な現象となっている。このように，臨時・非常勤職員は，地方公共団体が提供する公共サービスの一方の担い手となっているが，その法的な位置づけは必ずしも明確ではない。

　地方公共団体の臨時・非常勤職員は，期限付きで勤務することが想定されており，その期間は通常1年以内とされているが，実際には期間の更新により複数年にまたがって勤務することがある。このような勤務形態の場合に，職員が期間の更新を希望しているにもかかわらず，地方公共団体側が更新を打ち切ることを「雇止め」という。

　裁判所の判決では，民間企業における期限付きの雇用契約については，合理的な理由がない等の一定の場合には雇止めを無効とする判例上のルールが確立されている。このルールは，労働契約法の改正によって，同法第19条に規定され，2012(平成24)年8月公布された。

　一方，地方公共団体に勤務する非常勤嘱託員の場合は，その任用は地方公共団体の「嘱託取扱要綱」に基づいて行われており，当該要綱では更新を予定していないため，雇止めは違法とはいえないとする判決が出されている。

6：地方公務員の短時間勤務の在り方に関する研究会．"地方公務員の短時間勤務の在り方に関する研究会報告書"．総務省 Web サイト．2009-01-23．PDF，http://www.soumu.go.jp/menu_news/s-news/2009/pdf/090123_7_3.pdf，(参照2013-05-29)．

7章　図書館政策

　本章では，図書館制度をもとに推進・展開される国と地方公共団体の図書館政策について解説する。主に，公立図書館に関する政策を取り上げる。国の図書館政策については，図書館政策の歴史，図書館行政組織，望ましい基準，図書館関係の答申・報告を解説し，特に，答申・報告については詳しく説明する。地方公共団体の図書館政策については，図書館振興策の歴史，図書館行政組織，図書館の設置・建設計画について解説する。

1．国の図書館政策

(1) 図書館政策の歴史

a．補助金政策について

　1950(昭和25)年の図書館法制定以降，2003(平成15)年度まで，国の図書館政策は，国庫補助金の交付を中心に展開されていた。1951年，公立図書館の施設整備に係る国庫補助金の交付が開始され，それ以来，施設整備・設備整備にかかる経費の一部を国庫負担することによって，国は，公立図書館の整備を奨励してきた。

　しかし，施設整備のための補助金は，1997(平成9)年7月の地方分権推進委員会の勧告によって，地方公共団体の自主性・自立性を高める観点から補助金の整理合理化が図られたため，1997年度限りで廃止された。設備整備にかかる補助金も，小泉内閣における三位一体の改革の一環として，2003年度限りで廃止された。

b．政策提言と調査研究

　2004(平成16)年度以降，国の図書館行政は，政策提言及び調査研究が中心となっている。2004年7月，今日の図書館の現状や課題を把握・分析し，生涯学

習社会における図書館の在り方について検討する「これからの図書館の在り方検討協力者会議」が文部科学省に設置された。同協力者会議では，2012年12月までの間に『これからの図書館像～地域を支える情報拠点をめざして～（報告）』など4つの報告を発表している。このほか，国では，協力者会議の報告の提言内容を実現・普及すること等を目的としたモデル事業の実施，図書館の実態等について把握するための調査研究の実施，図書館関係者等を対象としたシンポジウムの開催等により，図書館の振興を図っている。

c．地域活性化交付金（住民生活に光を注ぐ交付金）

円高・デフレ対応のための緊急総合経済対策の一環として，2010（平成22）年度の補正予算で地域活性化交付金（住民生活に光を注ぐ交付金）が措置された。その目的は，住民生活にとって大事な分野でありながら，これまで光が当てられてこなかった分野（消費者行政，知の地域づくりなど）に対する地方の取り組みを支援することであり，知の地域づくりの分野において「図書館における司書の確保，図書の充実，図書館施設の改築・増築等」などの取り組みが対象とされたため，多くの図書館で活用された。なお，2011年度には，普通交付税（単位費用）に，この交付金に呼応した取り組みに関する所要経費が算入された。

d．司書科目について

司書資格取得に必要な科目は，1950（昭和25）年の図書館法施行規則で規定されており，これまでに3回改正が行われている。必要な単位数は，図書館法制定時は15単位（必修科目11単位，選択科目4単位）で，1968（昭和43）年の第1回目の改正により19単位（必修15単位，選択4単位）に改正され，1996（平成8）年の第2回目の改正では，図書館経営論の新設や科目の組み替えが行われ，14科目20単位となった。

2008（平成20）年の図書館法改正によって，新たに，司書資格を取得するために必要な図書館に関する科目を文部科学省令で定めることが規定された。これを受けて，文部科学省では，これからの図書館の在り方検討協力者会議での議論等を踏まえ，2009（平成21）年4月に図書館法施行規則の改正を行い，13科目24単位からなる「図書館に関する科目」を制定し，2012（平成24）年4月1日に施行した。また，新科目の施行に合わせて，一定の勤務経験及び学修等による科目免除の見直し（告示改正）も行われた。

e．図書館職員の研修

　図書館法第7条では，国と都道府県教育委員会に司書及び司書補に対する研修を行うよう努めることを定めている。文部科学省では，経験年数等に応じて「新任図書館長研修」「図書館司書専門講座」「図書館地区別研修」の3種類の研修を実施している。「新任図書館長研修」は，筑波大学等との共催により，新任の図書館長等を対象に，図書館の管理・運営，サービスに関する専門知識や図書館を取り巻く社会の動向等について研修を行っている。「図書館司書専門講座」は，勤務経験がおおむね7年以上の司書で指導的立場にある者，「図書館地区別研修」は，勤務経験がおおむね3年以上で指導的立場にある中堅以上の司書が対象である。

　文化庁では，著作権法施行令第1条の3の1項に掲げる図書館その他の施設の職員に対し図書館等の実務に必要な著作権に関する知識を修得させることを目的として，毎年，図書館等職員著作権実務講習会を実施している。

f．読書推進

❶子どもの読書活動の推進　　子どもの読書活動の推進に関する法律第8条に基づいて，2002(平成14)年に「子どもの読書活動の推進に関する基本的な計画」(第一次)，2008(平成20)年に「基本的な計画（第二次）」が，2013(平成25)年に「基本的な計画（第三次）」が閣議決定された。これは，子どもの読書活動の推進に関する施策の総合的かつ計画的な推進を図るため政府が策定するもので，子どもが自主的に読書活動を行うことができるよう，環境の整備を推進する観点から，おおむね各5年間にわたる施策の基本的方向と具体的な方策を示している。

　「基本的な計画」（第三次）では，①不読率の改善，②2012(平成24)年に改正された「図書館の設置及び運営上の望ましい基準」等を踏まえた充実した図書館サービスの提供等に努めること，③2008年及び2009年に公示された学習指導要領を踏まえ，学校において，児童生徒が自主的に自由な読書を楽しみながら学校や家庭における読書習慣を確立し，さらに読書の幅を広げる取り組みを実施するとともに，すべての教科等を通じて児童生徒の発達の段階に応じた体系的な読書指導を行うこと等が新たに盛り込まれた。

❷国民の読書推進に関する協力者会議　　文部科学省は，2010(平成22)年，

7-1表 『人の，地域の，日本の未来を育てる読書環境の実現のために』構成

「人の，地域の，日本の未来を育てる読書環境の実現のために」
第1章　なぜ今読書が必要なのか
第2章　読書環境・読書活動の現状
（1）　読書環境の現状
（2）　読書活動の現状
（3）　読書環境の変化の動向，特にICTの影響
第3章　人の，地域の，日本の未来を育てる読書環境の実現のために
～3つの提言～
提言1　読書で人を育てる，「読書を支える人」を育てる
提言2　住民参加で自治体ごとの「読書環境プラン」（仮称）を策定し，実現する
提言3　読書の新しい可能性や将来像を構想し，推進するためのプラットフォーム（基盤となる「場」）をつくる

「国民の読書推進に関する協力者会議」を設置し，国民の読書や読書環境の現状や課題を把握・分析するとともに読書への国民の意識を高める取り組みの検討を行い，2011(平成23)年9月に報告書『人の，地域の，日本の未来を育てる読書環境の実現のために』を発表した（7-1表）。

g．図書館海援隊

2010(平成22)年1月，有志の公立図書館が「図書館海援隊」を結成し，ハローワーク等関係部局と連携した貧困・困窮者支援をはじめとする具体的な地域の課題解決に資する取り組みを本格的に開始した。その後，この取り組みに対し，他の図書館からも参加希望が寄せられ，それに伴って，医療・健康，福祉，法務等に関する支援・情報の提供など，活動の範囲も拡大された。2012年4月現在49館が参加している。図書館海援隊参加館では，メーリングリストなどを活用して相互に情報を交換しながら取り組みの充実を図っている。

h．デジタル・ネットワーク

2010(平成22)年6月，総務省，文部科学省，経済産業省の3省による合同会議「デジタル・ネットワーク社会における出版物の利活用の推進に関する懇談会」の報告書が公表された。本懇談会では，広く国民が出版物にアクセスする

ための環境整備等について検討が行われ，今後の具体的な取り組みとして，デジタル・ネットワーク社会における図書館の在り方について検討し，関係者間で合意が得られたものから逐次実現に向けた取り組みを実施すること，国立国会図書館の蔵書の全文検索の実証実験等を実施すること，公立図書館や大学図書館，公文書館，美術館，博物館等が保有するデジタルコンテンツに係るメタデータ規則の相互運用性の確保に向けた環境整備について検討・実証すること等が指摘された。

本報告を受けて，文部科学省では，「電子書籍の流通と利用の円滑化に関する検討会議」を設置し，デジタル・ネットワーク社会における図書館と公共サービスの在り方等について議論を行い，2012年1月に報告書をとりまとめた。また，2012(平成24)年6月に著作権法を改正し，次の規定を新たに整備した。

- 国立国会図書館は，同館においてデジタル化された絶版等の資料について，著作権者の許諾なく，公立図書館・大学図書館等へインターネット送信できること
- 送信先の図書館等では，利用者の求めに応じて，インターネット送信された資料の一部を複製できること

一方，総務省では，「知のデジタルアーカイブに関する研究会」を開催し，図書館，博物館，美術館，文書館などが所蔵している資料へのネットワークを介したアクセス性を高めることについて議論を行い，2012年3月に報告書「知のデジタルアーカイブ─社会の知識インフラの拡充に向けて─提言」を公表している。

(2) 図書館行政組織

a．文部科学省

国の図書館行政は，主に文部科学省が担っている。文部科学省設置法第3条では，その任務として，「教育の振興」「生涯学習の推進を中核とした豊かな人間性を備えた創造的な人材の育成」「学術，スポーツ及び文化の振興」「科学技術の総合的な振興」「宗教に関する行政事務」を適切に行うことが定められている。それぞれの任務によって組織が分化しており，教育の振興は，小・中・高等学校等の教育行政を担当する初等中等教育局，大学教育を担当する高等教

育局，生涯学習・社会教育は生涯学習政策局が主に担当している。また，学術と科学技術は，科学技術・学術政策局，研究振興局，研究開発局が担当し，スポーツ及び青少年教育はスポーツ・青少年局，文化振興や宗教に関する行政事務については文化庁が担っている。

　図書館行政は，図書館の種類によって担当する局課が異なり，公立図書館及び私立図書館の所管は生涯学習政策局社会教育課，学校図書館の所管は初等中等教育局児童生徒課，大学図書館の所管は研究振興局参事官（情報担当）である。図書館に深く関係する子どもの読書活動の推進は，スポーツ・青少年局参事官（青少年健全育成担当），著作権は，文化庁長官官房著作権課が担当している。教育委員会制度など地方教育行政に関しては，初等中等教育局企画課が担当している。各担当課で個別に施策を展開しているが，必要に応じて関係課が相互に情報交換，連携・協力している。

■**文部科学省の審議会**　文部科学省には，「教育の振興」等に関する重要事項について審議する機関として，中央教育審議会が設置されている。中央教育審議会の設置については，文部科学省組織令で規定されており，所掌事務は，文部科学大臣の諮問に応じて，教育の振興や生涯学習，スポーツの振興，生涯学習に係る機会の整備に関する重要事項を調査審議し，文部科学大臣又は関係行政機関の長に意見を述べること，等である。生涯学習については生涯学習分科会で議論する。

　なお，法律に基いて設置される審議会とは別に，学識経験者等からなる協力者会議を設置して，個別の事項に関する検討や意見の聴取を行うことがある。「これからの図書館の在り方検討協力者会議」はその一例である。

　また，科学技術・学術審議会は，科学技術の総合的振興に関する重要事項に関し意見を述べること等を所掌事務としており，大学図書館の在り方等については，学術分科会で議論する。

b．**文科省以外の府省**

　文部科学省以外の府省も図書館行政に関わっている。

❶総務省　総務省は，国家の基本的な仕組みに関わる諸制度を所管しており，所掌事務のうち，地方行財政，情報通信などが図書館と深く関係する。地方行財政に関しては，自治行政局や自治財政局が，地方交付税制度，起債，地方公

務員制度などの制度や地域振興などに関する施策を担っている。情報通信に関しては，情報流通行政局がICTの利活用の高度化を推進する取り組みを担当している。

2 高度情報通信ネットワーク社会推進戦略本部（IT戦略本部）　　IT戦略本部は，高度情報通信ネットワーク社会形成基本法に基づき，高度情報通信ネットワーク社会の形成に関する施策を迅速かつ重点的に推進するために，2001（平成13）年1月に内閣に設置された。同本部が決定した「i-Japan戦略2015」（2009年7月）では，図書館を含めたあらゆる人・モノが多様なネットワークでつながる環境を整備し，教育分野などのニーズに十分対応できる速度，品質，信頼性を有するブロードバンド基盤の整備に向けた取り組みを推進することが盛り込まれている。

3 中小企業庁　　中小企業庁では，ビジネス支援に取り組む公立図書館からの希望に応じて，中小企業庁の政策紹介パンフレットを配布している。

c．国立国会図書館

　国立国会図書館では，国内外の図書館との連携・協力を進めており，図書館間貸出，複写サービス，レファレンスサービスなど資料に基づく協力事業，図書館職員の研修の実施，研修講師の派遣，受託研究員・研修生の受入れなど図書館職員の資質向上及び知識・技術向上に資する取り組み，調査研究，国立国会図書館総合目録ネットワーク事業，レファレンス協同データベース事業，障害者に対する図書館協力事業など，図書館協力事業を実施している。

（3）図書館の設置及び運営上の望ましい基準

a．「公立図書館の設置及び運営上の望ましい基準」策定の経緯

　1950（昭和25）年に図書館法が制定され，国は「公立図書館の設置及び運営上望ましい基準」を策定することが規定された。「望ましい基準」の案が最初に示されたのは，1967（昭和42）年6月で，社会教育審議会会長より文部科学大臣あての報告で，「公立図書館の設置および運営の基準案」が示された。同年7月，文部科学省は，同基準案を都道府県教育委員会に「望ましい基準」の試案として送付した。

　その後も，1971（昭和46）年から1973年にかけて社会教育審議会施設分科会図

書館専門委員会等で，1990（平成2）年から1992年にかけて生涯学習審議会社会教育施設分科会施設部会図書館専門委員会で議論され，1992年にとりまとめられた報告「公立図書館の設置及び運営に関する基準について（報告）」は，文部省から生涯学習局長名で都道府県教育委員会教育長へ通知された。

同じく社会教育施設である公民館については，社会教育法第23条の2第1項に基づく「公民館の設置及び運営に関する基準」が，博物館については博物館法第8条に基づく「公立博物館の設置及び運営に関する基準」が告示されていたが，図書館については，繰り返し検討がなされたものの，告示には至らず，長期にわたり策定されていなかった。

1998（平成10）年12月，生涯学習審議会社会教育分科会施設部会図書館専門委員会で，告示に向けた検討が本格的に開始され，同委員会は2000年12月に文部大臣に報告を提出した。その後，2001年7月，「公立図書館の設置及び運営上の望ましい基準」（2001年文部科学省告示第132号，以下「旧基準」という）が文部科学大臣名で告示された。

b．旧基準のポイント

2001（平成13）年に告示された旧基準の要点は下記のとおりであった。

①図書館の設置促進……都道府県は，市町村立図書館の設置及び運営に対する指導・助言等を計画的に行うこと。市町村は，公立図書館の設置に努めること。

②図書館サービスの計画的実施及び自己評価等……公立図書館は，図書館サービスについて，適切な「指標」を選定するとともに，これらに係る「数値目標」を設定し，「数値目標」の達成状況等を自ら点検・評価し，その結果を住民に公表するよう努めること。

③豊かな図書館サービスの展開……公立図書館は，情報通信機器の整備，子どものための読み聞かせの実施，ボランティアの参加の促進等により，豊かな図書館サービスの展開に努めること。

④就職，職業能力開発及び地方公共団体の政策決定や行政事務に必要な資料・情報の収集・提供に努めること。

数値目標は含まれておらず，報告の参考資料として，「数値目標」の例が挙げられている。

c．旧基準の告示後の社会の変化

　旧基準が告示された後，子どもの読書活動の推進に関する法律や文字・活字文化振興法が制定されるとともに，これからの図書館の在り方検討協力者会議から『これからの図書館像』などの報告が発表された。また，教育基本法，社会教育法，図書館法，図書館法施行規則の改正が行われた。図書館法の改正では，「設置及び運営上の望ましい基準」の対象を私立図書館に拡大することや，図書館の運営状況に関する評価及び改善措置並びに地域住民等に対する運営状況に関する情報提供に努めること等が新たに盛り込まれた。

　これらを背景として，文部科学省では，協力者会議において，改正図書館法に基づく新しい「望ましい基準」について検討を行い，その報告を踏まえ，2012(平成24)年12月に「図書館の設置及び運営上の望ましい基準」（2012年文部科学省告示第172号，以下「新基準」という）を告示した。

d．新基準の内容

　新基準の構成は，「第1　総則」「第2　公立図書館」「第3　私立図書館」となっている。「第2　公立図書館」については，さらに「一　市町村立図書館」と「二　都道府県立図書館」に区分されている。市町村立図書館では，「管理運営」「図書館資料」「図書館サービス」「職員」について示され，都道府県立図書館では，市町村立図書館の規定を準用するほか，域内の図書館への支援や調査研究等について示されている。

　主な改正点を下記に示す[1]。

(1)　図書館法の改正を踏まえた規定の整備
- 「図書館の設置及び運営上の望ましい基準」として，基準の対象に私立図書館を追加
- 運営状況に関する評価と改善措置の実施，評価結果と改善内容の住民への積極的公表
- 学習の成果を活用して行う多様なボランティア活動等の機会・場所の提供

1：文部科学省生涯学習政策局社会教育課「公立図書館の設置及び運営上の望ましい基準（平成13年文部科学省告示第132号）の改正について」（平成24年12月）より抜粋。http://www.mext.go.jp/a_menu/shougai/tosho/001/__icsFiles/afieldfile/2013/01/31/1330295.pdf，(参照2013-07-25)．

(2) 図書館に対するニーズや地域課題の複雑化・多様化に対する規定の整備
- 知識基盤社会において，図書館は地域の情報拠点等として重要な役割を担うことを明記
- 図書館相互の連携のみならず，国立国会図書館，学校，民間団体等との連携・協力
- インターネットや商用データベースの活用に留意したレファレンスサービス等の情報サービスの充実
- 地域の課題，生活や仕事の課題に対応したサービスの確立と多様な課題の例示
- 児童・青少年，高齢者，障害者，乳幼児とその保護者，外国人等の利用者に対応したサービスの充実，施設・設備の整備

(3) 図書館の運営環境の変化に対応するための規定の整備
- 図書館の設置者は，図書館の設置目的を適切に達成するために必要な管理運営体制を構築すべきことを規定
- 管理を他者に行わせる場合，緊密な連携により事業の継続的・安定的な実施等を確保
- 基本的運営方針，指標・目標，事業計画の策定・公表等
- 館長には図書館の運営及び行政に必要な知識・経験と司書資格を有する者が望ましい
- 司書等の確保，関係機関との人事交流，各種研修機会の拡充等

(4) その他
- 著作権等の権利の保護に関する規定を追加
- 危機管理に関する規定を追加
- 図書館資料に電磁的記録を含むこと，郷土資料等の電子化等に関する規定を追加

(4) 図書館関係答申・報告

a．これからの図書館の在り方検討協力者会議報告

協力者会議では，これまでに下記の4つの報告を公表している。

① 『これからの図書館像～地域を支える情報拠点をめざして～（報告）』

（2006年3月）……これからの図書館は，地域を支える情報拠点として存在意義を明確に示していくことが必要であるとし，そのための具体的な取り組みとして，「課題解決支援機能の充実」「紙媒体と電子媒体の組み合わせによるハイブリッド図書館の整備」「他の図書館や関係機関との連携・協力」「学校との連携協力」「広報」等の必要性を示すとともに，具体的な方策について提言した。

②『図書館職員の研修の充実方策について（報告）』（2008年6月）……『これからの図書館像』を実現し図書館の改革を進めていくためには，司書のさらなる資質向上が不可欠であるとし，研修の改善方策として，「研修に対する評価，研修参加者に対する評価の実施」「研修参加者・主催者による研修内容の周知・普及」「研修・研修参加を支援する仕組みの情報提供」などを提言した。

③『司書資格取得のために大学において履修すべき図書館に関する科目の在り方について（報告）』（2009年2月）……司書に必要な基礎的な知識・技術と，それを身につけるために習得すべき内容について検討し，新しい司書科目の科目名・内容・単位数を提案した。文部科学省は，この報告書に基づいて図書館法施行規則を改正し，新たに「図書館に関する科目」が制定された。

④『図書館の設置及び運営上の望ましい基準（平成24年文部科学省告示第172号）について』（2012年12月）……2012年12月に告示された新基準に盛り込むべき視点やその具体的な内容について提言した。

b．地域電子図書館構想検討協力者会議『2005年の図書館像〜地域電子図書館の実現に向けて〜（報告）』（2000年12月）

平均的な市立図書館における2005（平成17）年の地域電子図書館としての整備状況やサービス内容を想定して具体的に描写し，地域電子図書館構想が目指す方向性を提示した。また，その実現に向けて各公立図書館において検討・実施すべき事項を示したほか，図書館関係者の検討課題として，「電子図書館の職員に必要な資質」「電子図書館間の連携，情報交換等の場の創設」等を示した。

c．審議会報告・答申

報告・答申は，発表時期の新しいものから古いものへの順に示す。

①中央教育審議会『新しい時代を切り拓く生涯学習の振興方策について〜知の循環型社会の構築を目指して〜（答申）』（2008年2月）……国民の学習活動の促進や地域社会の教育力向上等のための生涯学習の振興方策について提言を

まとめたもので，図書館に関しては，次のような提言を行っている。
- 社会教育を推進する地域の拠点施設として，レファレンスサービスの充実と利用促進，課題解決支援機能の充実，地域のポータルサイトなど，地域の実状に応じた情報提供サービスを行うこと
- 図書館の運営状況に関する自己評価を行い，それに基づく改善を図るとともに，地域住民等の関係者に対し情報提供を行うよう努力すること
- 各個人の学習の成果が社会において実際に活用され，社会教育やそれを通じた学習の意義を実感できるような環境を整備すること

この答申等を踏まえて，2008(平成18)年6月，社会教育法・図書館法・博物館法の一部改正が行われた。

②科学技術・学術審議会学術分科会研究環境基盤部会学術情報基盤作業部会『学術情報基盤の今後の在り方について（報告）』(2006年3月)……大学図書館について，財政基盤の不安定さ，電子化への対応の遅れ，体系的な資料収集・保存の困難な状況，主題知識・専門知識・国際感覚を持った専任の図書館職員の不足の問題点を指摘し，今後の対応策として，学内での位置づけの明確化，財政基盤及び組織・運営体制の強化，電子化への積極的な対応，機関リポジトリの推進，高度の専門性・国際性を持った大学図書館職員の確保・育成，大学図書館による教育支援サービス機能の強化と情報リテラシー教育の推進，社会・地域との連携推進などを提言した。

③生涯学習審議会『新しい情報通信技術を活用した生涯学習の推進方策について～情報化で広がる生涯学習の展望～（答申）』(2000年11月)……生涯学習における情報化を進め，主体的に学習できる環境を整備するため，情報リテラシーに関する学習機会や研修体制の整備，生涯学習関連施設の情報化の推進などを提言した。

④生涯学習審議会『学習の成果を幅広く生かす―生涯学習の成果を生かすための方策について（答申）』(1999年6月)……図書館等の社会教育施設では，住民のボランティアの受入れを社会的な責務として捉え，積極的に受け入れることが望まれること，ボランティアを施設に円滑に受け入れるための体制整備に配慮することが必要であることなどを指摘した。

⑤生涯学習審議会社会教育分科審議会計画部会図書館専門委員会『図書館の

情報化の必要性とその推進方策について―地域の情報化推進拠点として―（報告）』（1998年10月）……公立図書館は，地域の情報拠点として，情報通信基盤を整備することが重要であり，地域電子図書館構想の推進が望まれることを提言した。また，電子化情報サービスに伴う通信料金やデータベース使用料などの対価徴収について，図書館法第17条の解釈・運用の方向性を示すとともに，図書館を含む教育施設に対する通信料金の負担の軽減措置について提言した。

⑥生涯学習審議会『社会の変化に対応した今後の社会教育行政の在り方について（答申）』（1998年9月）……電子情報等へのアクセスに係る経費の適切な負担の在り方を検討する必要があることを指摘した。この他，国庫補助を受ける場合の図書館長の司書資格要件並びに公立図書館の最低基準の廃止，多様な人材を図書館協議会の委員に登用できるようにするための規定の見直し，ボランティアの積極的な受入などについて提言している。

⑦生涯学習審議会社会教育分科審議会『社会教育主事，学芸員及び司書の養成，研修等の改善方策について（報告）』（1996年4月）……司書講習科目について，情報化等の社会の変化や学習ニーズの多様化，図書館機能の高度化に対応する観点から，「生涯学習概論」「図書館経営論」の新設など科目構成を見直し，必要な修得単位数を20単位に増やすことを提言した。また，社会の変化や新たな課題等に的確に対応していくために現職研修の内容の充実が必要であり，そのためには，関係機関・団体等が相互の連携と役割分担の下に，研修体制の整備を進め，体系的・計画的な研修機会を提供する必要があること，司書の高度な専門性を評価する名称を付与する制度を設けることを提言した。

⑧生涯学習審議会社会教育分科審議会施設部会『学習機会提供を中心とする広域的な学習サービス網の充実について―新たな連携・協力システムの構築を目指して―（報告）』（2004年）……社会教育施設の役割として，学習機会提供機能の充実，学習情報提供・学習相談機能の充実，社会参加支援機能の充実，学習者の交流拠点としての支援機能の充実を提言した。

⑨社会教育審議会社会教育施設分科会『新しい時代（生涯学習・高度情報化の時代）に向けての公共図書館の在り方について（中間報告）』（1988年2月）……生涯学習における公共図書館の役割について，「生涯学習を進める上で最も基本的，かつ重要な施設である」「人間生活のあらゆる面にかかわる資料を

収集・提供できる機関であり，生涯学習を援助する上で極めて大きな可能性を持っている」と指摘し，公共図書館の機能を解説し，今後の課題として，⒤図書館整備地域の拡大，ⅱサービス体制の充実，ⅲネットワーク化の推進を挙げている。

⑩社会教育審議会社会教育施設分科会『社会教育施設におけるボランティア活動の促進について（報告）』（1986年12月）……社会教育施設におけるボランティア活動を促進するための条件整備として，⒤施設が計画的に受け入れ条件を整備すること，データバンクの設置など，受入体制を整備すること，ⅱ活動の実費を施設等が負担すること，ⅲ事故防止のために安全教育の機会を提供し，保険制度を活用することなどが提言されている。

⑪中央教育審議会答申『生涯教育について』（1981年6月）……本答申で，初めて本格的に「生涯学習」の考え方が取り上げられ，それまで不明確であった「生涯教育」と「生涯学習」という二つの言葉が，明確に区分して定義された。また，社会教育施設について，計画的・体系的に整備を進める必要があること，施設の活用方法の改善を図るとともに関連施設相互の有機的連携を強化する必要があることなどを提言している。

⑫社会教育審議会答申『急激な社会構造の変化に対処する社会教育のあり方について』（1971年4月）……社会教育に関する初めての本格的な答申である。人々の多様な自主的学習や研究・調査に役立ち，高度化・専門化した知識・情報を提供する中心的施設として，図書館が果たすべき役割はきわめて大きいとし，公民館図書室等との図書館サービス網の充実，資料の充実，大学図書館や専門図書館との連携に留意し，充実を図るべきであることを提言した。

⑬社会教育審議会答申『社会教育施設振興の方策はいかにすべきか』（1956年3月）……社会教育施設の振興方策について，図書館の設置促進，図書館職員養成制度の充実，専門職としての地位の確立，図書館の最低基準の改善，国庫補助金の増大，図書館奉仕活動の強化を提言している。

⑭社会教育審議会建議『社会教育施設の整備について』（1954年2月）……社会教育施設が貧困，不備のまま放置されていることの打開方策として，社会教育施設運営費補助額の増額，社会教育施設建築費の増強，1953年度における社会教育施設の建築に対する起債の確保，の3点を建議した。

2．地方公共団体の図書館政策

（1）図書館振興策の歴史

　1970年代から90年代前半にかけて都道府県が実施した図書館振興策は，市町村立図書館の設置を促進する上で大きな効果があった。

a．東京都の図書館振興策

　都道府県による市区町村立図書館振興策に最初に着手したのは，東京都であった。1970(昭和45)年，東京都図書館振興対策プロジェクトチームは『図書館政策の課題と対策（東京都の公共図書館の振興施策）』を発表した。

　報告は，「Ⅰ　図書館の現状とその問題」「Ⅱ　都民のための図書館づくり」「Ⅲ　東京都が果たすべき行政課題」の3部から構成され，このうち，「Ⅱ　都民のための図書館づくり」では，「1．くらしの中へ図書館を」「2．都民の身近かに図書館を」「3．図書館に豊富な図書を」「4．司書を必ず図書館に」という四つの課題を掲げ，具体的な施策を掲げている。

　このうち，区市町村立図書館への施策としては，700メートル圏に1館の地区図書館を整備すること，区市の中心部に地区図書館と中心図書館を兼ねた図書館を整備すること，司書の専門職制度及び研修制度の確立などが掲げられた。また，このための行政課題として，設置促進についての行政指導，設置促進のための財政援助，都立図書館の整備充実と奉仕体制の確立，司書有資格者の採用制度の確立等を掲げた。

　この内容は『東京都中期計画1970年版』に組み込まれ，重要施策としても位置づけられ，1971年から，全国に先駆けて市町村に対して建設費の2分の1を補助し，また，新設既設にかかわらず，3年間の資料購入費の2分の1を補助する政策を開始した。都の財政悪化等を要因として建設費補助金は1975年に，図書費の補助は1976年に廃止されたが，その間，31館の図書館が建設され，建設費補助は約11億2,000万円が支出され，図書費の補助は，延べ137館が補助を受け，85万650冊，約3億2,000万円が支出された[2]。

b．図書館振興策の実施状況

1970年代後半になって，栃木県（1978年），大阪府（1979年），滋賀県（1981年）など，府県においても市町村立図書館振興策が開始された。

都道府県による市町村図書館振興策の実施状況に関する調査によれば，図書館建設費補助を行っているのは，1982年には13県，1989年には21県，1990年には23県である。このほか，一部の県では，移動図書館車購入費補助，資料購入費補助，備品購入費補助，公民館図書室や家庭文庫に対する図書購入費や活動費の補助，職員の司書講習受講のための旅費の一部負担などの振興策が行われている。

c．滋賀県の図書館振興策

滋賀県の図書館振興策は，東京都と並んで優れたものとして知られている。1981（昭和56）年以後，市町村立図書館建設費，移動図書館購入費，図書購入費への補助金を交付している。市町村立図書館建設費補助，移動図書館購入費補助は補助対象経費の3分の1，図書購入費補助は，長期間にわたって交付され，その条件は，資料と職員の確保に配慮している。このほか，滋賀県教育委員会は，市町村の図書館行政担当者を対象とする研修会を実施し，市町村の行政トップの図書館に対する認識の改善に大きな影響があったと言われている。

d．図書館振興策の成果

わが国の公立図書館数の推移を見ると，1961～1971年の10年間で157館の増加であったのに対し，1971～1981年では472館，1981～1991年では628館増加している。蔵書冊数についても，1961～1971年では1,400万冊の増加に対し，1971～1981年は4,900万冊，1981～1991年は9,400万冊増加しており，図書館振興策の普及とともに図書館整備が飛躍的に進んでいる（7-2表）[3]。都道府県による市区町村立図書館振興策は大きな成果を上げたといえる。

2：中多泰子．公共図書館の今日的課題：東京都の「図書館政策の課題と対策」成立および経過について．現代の図書館．1978, vol.16, no.1, p.15.

3：データは日本図書館協会図書館調査委員会編集の『日本の図書館』の1961・1971・1981・1991年版による。

7-2表　公立図書館の状況

	図書館数	蔵書冊数（千冊）	貸出冊数（千冊）
1961年	698	16,160	14,086
1971年	855	29,750	30,827
1981年	1,327	78,402	148,264
1991年	1,955	172,846	276,102

（日本図書館協会『日本の図書館』1961，1971，1981，1991による）

e．今後の図書館振興策

「図書館の設置及び運営上の望ましい基準」では，都道府県内の図書館振興に関して，次の事項を定めている。

- 都道府県教育委員会は，都道府県内の図書館サービスの全体的な進展を図る観点に立って，市町村立図書館の設置に対する指導・助言等を計画的に行うこと
- 都道府県立図書館は，市町村立図書館に対して，図書館の円滑な運営の確保のための援助に努めること
- 都道府県教育委員会は，当該都道府県内の図書館職員の研修を行うこと

また，郷土資料，公文書，博物品等公共的な知的資産の総デジタル化を進め，インターネット上で電子情報として共有・利用できる仕組み（デジタルアーカイブ）の構築・連携の推進に向けた提言が出されており[4]，今後，都道府県立図書館がデジタルアーカイブにおけるMLA（博物館，図書館，公文書館）連携の中心的な推進機関となることも期待されている。

（2）図書館行政組織

a．教育委員会と図書館

教育委員会には，その権限に属する具体的な事務を執行する機関として，教育委員会事務局を置くこととされている（地方教育行政法第18条）。教育委員

4：知のデジタルアーカイブに関する研究会．"知のデジタルアーカイブ―社会の知識インフラの拡充に向けて―（提言）"．総務省Webサイト．2012-03-30．PDF，http://www.soumu.go.jp/menu_news/s-news/01ryutsu02_02000041.html，（参照2013-05-29）．

会事務局は，一般的に，総務課，義務教育課，生涯学習課（または社会教育課）などから構成される。このうち，生涯学習課（または社会教育課）は，その名のとおり，生涯学習・社会教育を所掌事務とする。社会教育施設担当，社会教育指導者担当，ボランティア担当，青少年教育担当，男女共同参画学習担当などから構成される。図書館行政は，生涯学習課（または社会教育課）の所掌事務とされ，図書館が生涯学習課の管轄下にある場合と生涯学習課等と同レベルの独立した組織として位置づけられている場合（鳥取県，佐賀市など）がある。

　図書館が生涯学習課等の管轄下にある場合，図書館の予算要求や人事は，図書館所管課を通じて，教育委員会の各担当課と折衝することになる。また，連携事業などにおいて他部局と交渉したり，図書館自体が新たな事業を企画する場合にも，まず所管課の了解を得ることが必要である。

　図書館が独立した課として設置されている場合は，教育委員会内の各課と直接折衝することが可能で，意思の疎通が図りやすい。また，対外的な面でも，首長部局の各課と対等な立場で折衝できるようになる。図書館が課題解決支援サービスを充実させる上では，行政の幅広い分野や関係機関との連携が不可欠であるため，独立した課として位置づけられるメリットは大きいと考えられる。

b．首長部局所管の図書館

　教育委員会が担当する事務（地方教育行政法第21条），及び教育委員会が所管する教育機関（同第32条）のうち，スポーツ及び文化については，条例で定めることにより，首長が管理・執行または所管することが可能とされている（同第23条第1項，第32条）。社会教育についてはこの対象となっていないため，義務教育諸学校等と同様，教育委員会が所管する。

　近年，自治体の判断により，首長部局の所管とされている図書館がある。その理由としては，図書館政策を地域振興政策や文化政策として位置づけている場合が考えられる。

　首長部局所管の図書館については図書館法上の図書館とは位置づけられず，図書館法上の図書館同種施設として位置づけられる。

c．特区

　2009（平成21）年の構造改革特別区域法改正により，同法に基づき認定を受け

た地方公共団体では，社会教育施設の物的管理に限り，首長が管理・執行できることとされた。同年11月には，岩手県遠野市の計画が認定され，市民センター，地区センター，学校，社会教育施設を市長が総合的に管理・整備することとなった。

（3）図書館の設置・建設計画

　地域住民への図書館サービスの一層の充実を図るため，新しい図書館が建築されることがある。現在の図書館の規模が小さい場合，図書館の施設が古くなった場合，市町村合併を行った自治体で中央図書館を新しく設置する場合，地域活性化や中心市街地活性化などの一環として図書館を移転し，新図書館を建築する場合等がある。このような場合に，新図書館の整備方針を明確化するための計画書が，「新図書館整備計画」や「新図書館基本構想」などの名称で策定されている。

　図書館を新設・改築する場合，検討が始まってから開館に至るまでのプロセスは概ね次のとおりとなる[5]。

　　企画（構想・提案→企画立案）→計画（図書館計画の作成）→設計（設計者の選考→建築設計の作成）→施工（入札・工事発注→施工→竣工）→開館（開館準備→開館・式典）

　企画の段階では，図書館の奉仕対象区域に渡るサービスの全体像を示す「地域計画」を作成する必要がある。これは，サービスの全体像をシステムとして示す「図書館サービス網計画」と施設の配置計画である「図書館配置計画」から構成される。

　図書館各館の計画は，この地域計画に基づいて，各施設の役割や立地条件を踏まえて作成される。図書館計画の策定に当たっては，多くの場合，自治体が検討委員会を設置することが一般的である。検討委員会の構成員は，学識経験者，図書館利用者の代表，図書館利用団体の代表，地区内（または隣接地域）の既存の図書館の図書館長，司書，図書館協議会委員，建築家などである。この検討委員会において，新図書館の役割や機能，管理運営等の在り方等，図書

5：植松貞夫，冨江伸治，柳瀬寛夫，川島宏，中井孝幸．よい図書館施設をつくる．日本図書館協会，2010，p.2，（JLA 図書館実践シリーズ，13）．

館計画に盛り込むべき内容について議論を行い，公聴会やパブリックコメントなどにより幅広く住民の意見を聴きながら，最終的な報告書をとりまとめ，首長や教育長に提出する。自治体では，この報告に基づいて自治体としての取り組み方針を検討し，最終的な計画として策定する。

　この図書館計画に基づいて，新図書館の設計，建設工事，開館準備等が行われる。また，図書館が開館した後も，当面はこの計画に基づいて図書館サービスの充実が図られ，必要な設備・資料の整備や人材確保のために必要な予算要求を行う際の根拠となる。開館後，継続的に必要予算を獲得するためにも，この図書館計画は重要である。

II部
経営論

1章 | 図書館の公共性

1．なぜ図書館に経営が必要か

　一般に「経営（management）」とは，"継続的・計画的に事業を遂行すること。特に，会社・商業など経済的活動を運営すること"[1]と定義され，経営の主体として，会社や商店など営利を目的として活動する事業体が想定されることが多い。また経済学の専門辞典を見ても，例えば「経営者（manager）」の説明は，"企業において経営の高度管理職能を担当するものをいう。とくに問題にされねばならないのは，経営職能のもっとも多岐化した大企業＝近代的株式会社の経営者である"（経済学辞典）[2]としており，営利を目的としない組織体に「経営者」は不要ともとれる書きぶりである。

　周知のように図書館と呼ばれる組織体は，公共図書館や大学図書館，学校図書館など館種は異なっても，いずれも直接利益を生み出すような活動やサービスを行ってはいない。企業体や民間会社に設置される，いわゆる専門図書館であっても，その設置母体の組織の営利事業に，資料提供や情報提供の面で貢献することは求められているものの，専門図書館自体が何か利益をもたらす活動やサービスを展開しようとしているわけではない。政府機関に所属したり，公益法人に設置されたりする専門図書館であれば，なおのこと利潤追求とは縁遠い活動を行っている。

　では，こうした図書館になぜ「経営の視点」が必要とされるのだろうか。

　第一に，営利を目的とはしないが，図書館にもそれぞれ固有のミッション（使命）や目的があり，それらは図書館の設置母体である地方公共団体や大学・学校などのミッションや目的と整合したものでなければならない。このよ

1：新村出編．広辞苑．第6版，岩波書店，2008．
2：大阪市立大学経済研究所編．経済学辞典．第3版，岩波書店，1992, p.294.

うな視点から，図書館にも"継続的・計画的に事業を遂行する"ことが求められ，さらに図書館という組織には永続性・持続性が求められるからである。

　第二に，図書館がそのミッションや目的にかなったサービスや事業を展開するには，図書館がもつさまざまな資源（resources）を有効に組み合わせ，できるかぎり効果的かつ効率的に，そのミッションを達成するよう努めなければならない。ここで，図書館がもつ資源には，図書館予算といった財政的資源だけではなく，図書館の各種施設・設備や所蔵する蔵書といった物理的資源，さらには図書館に勤務する司書をはじめとした職員を含む人的資源までも含まれる。図書館は，これらの多様な資源を組み合わせることでミッションを達成するわけだが，そのためには，組織内部での一貫した方針（policy）とそれに基づく計画的・組織的な資源の運用がなされなければならない。こうした図書館内部での効果的な資源配分のために「経営」が求められる。

　そして第三に，図書館が保有する各種の資源を効果的に配分するには，その前提として，それらの資源が外部から適切に調達されていなければならない。しばしば図書館を構成する三要素として，職員・蔵書・施設の三つが挙げられるが，これらが有効に機能するために，具体的には職員を雇用し勤務させるための人件費や蔵書を購入するための資料費といった予算が確保される必要がある。そもそも図書館の存在意義と必要性を，図書館の設置母体に対して"継続的・計画的に"説明しその理解を得続けなければ，図書館はもちろんのこと，そこで働く専門的な職員（司書）も存在基盤を失うことになりかねない。そうならないために，図書館はその外部と適切にコミュニケーションを図ったり，ときには交渉し（negotiate）たりする必要がある。そこに「経営の視点」が求められるのである。

　これらは図書館経営の視点であると同時に，図書館経営者（図書館長）がもつべき視点でもある。司書が専門的な図書館実務者であるだけでなく，図書館経営者をもめざすべき理由はここにある。

2．公共性の概念

　図書館に「経営」の視点が必要だとしても，営利組織ではないから，組織と

しての経営判断や意思決定に際して,「利潤追求」がその行動原理にはならない。では,何を行動原理に図書館は経営されるべきだろうか。

非営利の組織体経営における行動原理として,ここでは「公共性」の概念を用いることにしたい。これは,「公共哲学」や「新しい公共」といった昨今の流行を取り入れようという単純な理由からではなく,差別することなく多くの利用者を受け入れ,あまねく知識の普及を図ろうとする非営利の図書館にとっては,館種を超えて「公共（public）」の概念を共有できると考えるからである。

とくに,必ずしも図書館を利用しているわけではない人々からの租税や納付金を経営資源の大部分とし,直接対価を徴収することがない点で,図書館は各種の公共サービスと類似した側面を備えている。そこで,ここでは公共経済学の知見を援用しながら「公共性」の概念をもとに図書館経営を説明してみよう。主な「公共性」のとらえ方には,以下のようなものがある[3]。

（1）公共財

市場（しじょう）を通じたサービスの提供が困難であり,政府や地方公共団体などによるサービス提供が必要とされるものの中心にあるのが「純粋公共財」である。一般に,①非競合性（多くの人が利用しても,他の人の利用を妨げることがない）,②非排除性（対価を支払わずにサービスを受けようとする人を排除することができない,もしくは排除するのに大きな費用がかかる）,の二つの性質を併せもつ財（サービス）が公共財（public goods）とされる。典型的な事例は,国防,外交,治安,防疫,一般道路などである。

図書館サービスも,通常の状態で複数の利用者がいたところで,次にやってきた一人の利用者のサービス便益を大きく減じることはない,という意味で非競合性をもつと考えられる。しかし,仮に入館料を徴収しようとすると,これを払わない人を排除することができるので,必ずしも非排除性は成り立たない。その意味で,「純粋公共財」とは言えない。

3：：前掲注2，p.382-3参照のこと。

（2）価値財

　社会の秩序維持や福祉の向上などの社会的目的にとって価値があると判断される財やサービスは，市場にゆだねるのではなく，政府（地方公共団体を含む）によって供給されるほうが望ましい。福祉サービスや医療，義務教育，学校給食，公共住宅などがその典型とされる。図書館サービスも価値財（merit goods）の一つと考えることができるが，医療や義務教育ほどの社会的了解は得にくいだろう。その理由に，図書館はもっぱら娯楽目的で利用することもできる点が挙げられる。

（3）公益事業

　電力やガス，水道事業などのように，不特定多数の利用者に生活必需品的なサービスを供給する場合，政府はその事業を公益事業（public utilities）として指定し，特定事業者に独占させることがある。その一方で，消費者保護の観点から価格を規制することにもなるのだが，事業規模が大きくなればなるほど価格を下げることができ（規模の経済性），非効率を避ける意味で公共部門（public sector）による提供の根拠が認められる。この点で「公共性」の内容を成していることになる。ただし，最近は電力の供給も特定事業者による独占とは限らなくなっている。

　図書館も不特定多数の利用者に対するサービス供給を行うが，電力やガス，水道ほどには，生活に必需とみなされていないだろう。

（4）公共交通

　公示された運賃を支払い，一定のルールに従う人は誰でも利用できる交通機関は公共交通と呼ばれ，政府は運送業者としての免許あるいは認可を与える。通常，一般社会で利用されている交通機関は，タクシーや飛行機を含め，公共交通である。この場合，利用者を差別することなく，公平・平等にサービスを供給することが「公共性」の内容を成すとみなされている。

　図書館は明らかに交通機関ではないが，利用者に対して公平・平等にサービスしている点では，公共交通に通じる「公共性」をもつと言える。

(5) 外部効果

　図書館がもつ「公共性」を説明するうえで，もっとも理解が得やすいと思われるのが，この外部効果である。

　外部効果とは，サービス（財）の送り手と受け手の間での取り引きには，直接関係しないところにもたらされる波及効果のことである。例えば，鉄道の建設は，サービスの受け手となる利用者にとって通勤や通学で移動するときの移動時間の短縮という直接的な便益をもらすが，その他に周辺の道路混雑の緩和や沿線の地域開発が促進される，などの外部効果をもたらすと考えられる。

　義務教育もそれを受ける個人だけでなく，それが普及していることによって社会の人々の間で知識が共有され意思疎通が容易になるなど，他の人々も便益を受ける。したがって，義務教育には外部効果があると考えられている[4]。図書館にも，基本的には同様の外部効果があると考えてよいだろう。

3．公共性のとらえ方

　公共経済学の知見に基づく公共性の概念が，図書館経営を考える際の手がかりとなるのは間違いない。さらに，近年の公共哲学では「公共性」がいくつかの類似の概念と関連づけて議論されており，その一部を紹介することで，改めて図書館が有する「公共性」も理解しやすくなる。

　政治理論の研究者である齋藤純一は，「公共性」という言葉が用いられる際の主な意味合いは，1-1表の三つに大別できるとしている[5]。

　第一は，国家に関する公的な（official）ものという意味で，国家が法や政策などを通じて国民に対して行う活動を指すとしている。その事例として，公共事業，公共投資，公的資金，公教育などが挙げられている。国ないし地方公共団体といった公権力による裏づけをもって制度化された組織という点で，公共図書館だけでなく大学図書館や学校図書館，そしてもちろん国立国会図書館など，大多数の図書館は公的な存在と言える。ただし，専門図書館は，この意味

4：奥野信宏．公共経済学．岩波書店，1996，p.27．
5：齋藤純一．公共性．岩波書店，2000，p. ⅷ-ⅸ．

1-1表　三つの「公共性」と図書館の関係

<table>
<tr><th colspan="4">三つの公共性</th></tr>
<tr><td>英語</td><td>official</td><td>common</td><td>open</td></tr>
<tr><td>意味</td><td>国家に関する公的なもので，法や政策などを通じて国民に対して行う活動</td><td>すべての人びとに関係する共通のもので，共通の利益・財産，共通に妥当する規範や共通の関心事など</td><td>誰に対しても開かれているもので，誰もがアクセスすることを拒まれない空間や情報など</td></tr>
<tr><td>用例</td><td>公共事業，公共投資，公的資金，公教育</td><td>公共の福祉，公益，公共の秩序，公共心</td><td>公然，情報公開，公園</td></tr>
<tr><td>図書館</td><td>国ないし地方公共団体といった公権力による裏づけをもって制度化される</td><td>一般に「外部効果」があり，人びとに共通の利益（公益）をもたらす</td><td>公開を原則とし，一部に入館制限はあっても，利用者を差別しない</td></tr>
</table>

（齋藤純一『公共性』岩波書店，2000，p.viii-ixをもとに作成）

合いでの「公共性」をもたないものも多い。

　齋藤が挙げる第二の意味は，すべての人びとに関係する共通のもの（common）という意味合いである。この意味では，共通の利益・財産，共通に妥当すべき規範や共通の関心事などを指す。その事例として，公共の福祉，公益，公共の秩序，公共心などが挙げられている。前節で触れたように，図書館には一般に「外部効果」があると思われるが，これは公益をもたらすことの別の表現であるし，図書館蔵書はそれぞれの社会（コミュニティ）での共有の財産ともみなすことができる。

　三番目は，誰に対しても開かれている（open）という意味である。この意味での「公共性」は，誰もがアクセスすることを拒まれない空間や情報などを指すという。事例として，公然，情報公開，公園などがあるとされるが，図書館は一般に公開を原則としており，大学図書館が学内関係者に入館を限定するなど，一部に制限を加えることがあっても，利用者を差別することはない。

　いずれにせよ図書館は，その本来的な性質から広い意味での「公共性」を備えた機関と言えるのである。

4. 公共性に基づく図書館経営

　先に挙げた五つの「公共性」の概念や三つの「公共性」の視点は，その財・事業・サービスに政府（地方公共団体を含む）が介入し，公的な資金を用いて提供することの根拠となりうる。例えば公共財は，非競合性があるため，他の人が利用していても自分が利用する際の便益が減らないし，非排除性もあることから，対価を支払わずに利用できるので，通常は誰もお金を払わずに利用することになる。そのため，この種のサービスの提供は公費に頼るほかはない。例えば，一般市民が利用する公園などはその典型であり，地方公共団体により公的に建設され管理される。

　外部効果をもち公益性が期待される事業やサービスにも政府が関与することが多い。例えば，義務教育が公的な負担なしに厳密に独立採算で提供されたならば，保護者の負担が大きくなり，学校に通えない子どもたちが出て，義務教育は社会的に望ましい水準に比して不足するだろう。そこで，政府にはそれを公的に助成し需要を増やす役割が期待される，というわけである。

　図書館にもこれと同様の考え方があてはまる。図書館の利用者が負担する利用料だけで図書館を運営するとなると，かなり高額な料金を請求することになる。その結果，外部経済を考慮した社会的水準に比して，図書館は過小にしか利用されないだろう。そこで，図書館を設置する政府や機関は，一人ひとりの利用者から利用料を徴収することなく（仮に徴収するとしても，きわめて低額で）サービスを提供できるよう財政措置するのである。

　このように供給する側と需要をもつ側との間で，対価と財（サービス）の取り引きを行う市場（しじょう）が，政府の介入なしではうまく機能しない状況を「市場の失敗」と呼ぶ[6]。市場が失敗するからこそ，政府の介入による公的助成（公費支弁）が正当化されるのである。言い換えると，公共性が高い事業は，政府による公的助成や公的規制の対象となり，完全な意味での市場性は低いことになる。また，このことは公共性が高い事業においては，民間市場での自由

6：これと逆に，政府の主導や介入により，非効率，サービス低下，財政悪化などをもたらすことになれば，「政府の失敗」と呼ばれる。

な競争を阻害してはならないことをも意味する。これが、いわゆる「民業圧迫」を避けるという基本原則につながるのである。

　図書館の設置・運営は公共財や価値財としての性格をもつことから、政府による公的助成や公的便宜に一定の社会的理解が得られている。また、外部効果や公益性も期待できることから、社会的に高い公共性があると考えられる。例えば、対面朗読や自宅配本などの図書館の障害者サービスは、利用者の経済的負担能力を考えれば、とうてい民間市場によるサービス供給が可能とは思われない。その一方で、多くの人々は、情報へのアクセスの公開性・平等性の観点から、図書館による障害者サービスの提供を価値財としてとらえ、政府がこれを財政的に支援して保障することに理解を示すだろう。また、公共図書館や大学図書館の複写サービスにおいて、著作権者の権利が制限され、権利者の許諾無く図書館資料を複写することができるのも、図書館の複写サービスには公益性や外部効果があると見なされているからである。

　このような意味で、図書館の行動原理は、「市場原理」に基づくのではなく、明らかに「公共原理」に基づかなければならない。そして、図書館経営の大きな拠りどころとなるのも、この「公共原理」である。

　かつて起きた公立図書館でのベストセラー本の大量購入をめぐる「図書館＝無料貸本屋」論争も[7]、こうした公共原理に基づけば、その解決の方向性はおのずと明らかであった。その時点で民間書店が売ろうとしている商品を、図書館が大量に購入して無料で次々と貸し出そうとする姿勢は、作家や出版者に「民業圧迫」と受け止められても致し方なかっただろう。これは、図書館が無料で貸すから本が売れない、という論理の妥当性の問題というより、要求が多いからその本を数多く所蔵し、次々貸し出そうとする考え方がそもそも「市場原理」に基づく経営判断であって、長期的な視点に立った「公共原理」とは相容れない、という経営論理の誤謬性の問題だったのである[8]。

7：安井一徳. "「無料貸本屋」論". 公共図書館の論点整理. 田村俊作, 小川俊彦編. 勁草書房, 2008, p.1-34, (図書館の現場, 7).
8：糸賀雅児. 図書館の新たなビジネスモデルで出版市場との共存を. 図書館雑誌, 2003, vol.97, no.9, p.638-640.

2章　公共経営としての図書館経営

1．非営利機関としての図書館

　図書館を公共性をもつ機関として位置づけ，公共原理に基づいて経営する必要性を理解するために，図書館と同じく書籍を扱う書店と比較してみよう。

　2-1表からわかるとおり，書店は図書館と同じく書籍を扱っているが，いくつかの点で相当に異なった扱い方をしている。特に「品ぞろえ」の点では，書店が売れ筋の本を多数そろえ，主として儲けるために販売するのに対し，図書館は必ずしも売れ筋とは限らない本も所蔵し，長期にわたって保存する。この点は，本の陳列や配架のしかた，そして本へのカバーがけなどのサービスにも影響している。さらには，接客態度や宣伝・広報への力の入れ方にも違いが

2-1表　図書館と書店の比較

図書館	比較項目	書店
非営利機関，公共性追求	営利性	営利機関，利潤追求
地方公共団体，学校・大学，公益法人，政府機関など	経営母体	会社法人，個人など
書籍の閲覧・貸与	主な機能	書籍の販売
基本的に無料	料金	基本的に有料
新刊書から絶版書籍まで幅広い	書籍の品ぞろえ	新刊書や売れ筋書籍が中心
必要に応じて保存する	書籍の保存	基本的に保存しない
一定の条件で複写できる	書籍の複写	原則として複写できない
社会的弱者への配慮やユニバーサルサービスなど平等・公正を尊重	その他	販売書籍へのカバーがけや買い物ポイントなど付加価値サービスに熱心

見られる。これらは，明らかに書店が有料販売を基調とした営利機関であるのに対し，図書館は無料サービスを原則とした非営利機関であることに起因する。

　営利機関が存続するためには，最終的に一定の収益を上げ，そこで働く社員や店員らの生活を支えなければならない。非営利機関の図書館でも，そこに働く司書をはじめとする職員らの生活を支えなければならないことに変わりはないが，その原資は図書館がもたらす収益ではない。

　1章で述べたとおり，一般に図書館は公共性をもつと考えられることから，政府（地方公共団体を含む）の財政的介入が認められ，租税や授業料・施設設備費等の生徒・学生納付金（学校・大学の場合）などによって賄われている。ただし，私立の学校・大学にも公的な補助金が出されており，そこに設置された図書館にも租税の一部は投入されているとみなされる。そして，これらの図書館の設置母体となる地方公共団体，学校・大学（学校法人），公益法人には，税制上の優遇措置があり，一般の私企業ほどには税金を納めなくてよい仕組みになっている。

　つまり，図書館はその運営費用の相当部分（ないし一部分）が税金によって賄われていながら，購入される蔵書をはじめとした物品類にかかる消費税の他には税金をあまり納めず，しかも納める税の原資もさかのぼれば，もともと他からの税金や納付金などであって，図書館利用者から直接徴収した利用料金ではない。では，図書館が納税という方法ではなく，どのようにして運営費用を社会に還元するのかと問われれば，それは図書館経営による一人ひとりの利用者へのサービスを通じての「公共性」や「外部効果」の増大でしかない。これが非営利機関としての図書館経営の基本形である。

　書店が売り上げを伸ばし，多額の収益を上げたとすれば，出資者や従業員らに高額の配当や給与を出すと同時に，多くの税金を納めることになる。図書館は，そのような循環にないことからも，非営利機関にふさわしい「公共原理」に基づく経営の在り方，すなわち図書館の「公共経営（public management）」が必要となる。

2．図書館の公共経営

　鉄道事業や医療活動がそうであるように，公共サービスは政府機関による公共部門（public sector）だけから提供されているわけではない。そこでは，民間部門（private sector）と共通の経営概念にそった活動が求められてくる。このような意味での公共部門の営みを表現するうえで「公共経営」という用語のほうが適切であると考えられるようになっている[1]。

　これまでは「行政管理」という用語で表現されてきたことも多いが，「管理」では，法規に従って公共部門の組織を統制し，誤りなく運営していく意味合いが強く，不十分だというわけである。「公共」であるから非営利組織が担うことも多く，「民間」とは異なった制約のもとにあるのは事実だが，1章で示したような「経営」の本来の意味合いと共通する部分もあることを示している。

　公共政策を専門とする古川俊一は，この「公共経営」を"政治システムの制約や条件の下に，組織経営の一般原則によって，公共組織の使命を十分に発揮するよう外部および内部に働きかける活動"[2]と定義している。この定義にもとづいて古川が示す公共経営の構図を，図書館経営に即して筆者が描き直したものが2-1図である。

　これを見るとわかるように，経済システムの原理に基づく企業経営では，利潤や投入コストなどの観点から「採算性」が重要視され，市場シェアやコスト当たりのサービス量などの観点から「効率性」「有効性」も重視される。

　一方，政治システムの原理に基づく公共経営では，公共性の観点から「公益性」「公開性」「公平性」などが優先され，首長や議会といった民主的な選挙によって住民の信託を受けた人々や住民ニーズなどへの配慮も不可欠である。ただし，それらも程度の問題であって，公共経営だからといって採算性や効率性がまったく度外視されることはありえない。

1：古川俊一，NTTデータシステム科学研究所編. 公共経営と情報通信技術：「評価」をいかにシステム化するか. NTT出版, 2002, p.14.
2：前掲注1参照のこと。

3．公共図書館の経営論　｜　107

```
┌─────────────┐  ┌─────────────┐  ┌─────────────┐
│ 経済システムの │  │   経営原則    │  │ 政治システムの │
│    原理      │  │              │  │    原理      │
├─────────────┤  ├─────────────┤  ├─────────────┤
│  企業経営    │    （効率性）     │  │  公共経営    │
│  利　潤      │    （有効性）     │  │  公共性      │
│  市場シェア  │                  │  │  法制度，条例│
│  投入コスト  │    （公益性）     │  │  首長・議会  │
│  コスト当たりの│   （公開性）    │  │  住民参加    │
│  サービス量  │    （公平性）     │  │              │
│  株　主      │    （採算性）     │  │  未利用者を含めた│
│  顧客ニーズ  │                  │  │  潜在ニーズ  │
│  その他      │                  │  │  その他      │
└─────────────┘  └─────────────┘  └─────────────┘
```

　━━━▶　強い直接的影響関係にあるもの
　───▶　影響関係にあるもの
　┄┄┄▶　間接的影響関係にあるもの

2-1図　公共経営の構図

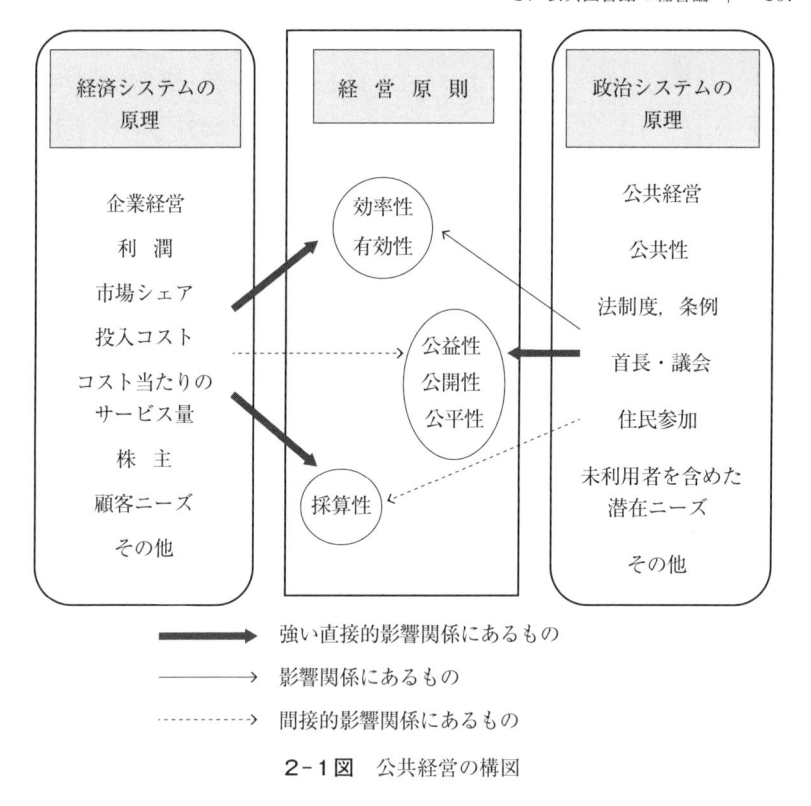

3．公共図書館の経営論

　わが国で一般に「公共図書館」と呼ばれるものには，公立図書館と私立図書館の二つがあることは本書Ⅰ部「制度論」3章でも述べたとおりである。これは，わが国の図書館法の規定に基づく類型だが，公立図書館は地方公共団体が設置する図書館であり，文字通り「公共性」に基づく経営がなされるべきである。

　公立図書館がもたらす便益は，利用者がそれぞれの図書館の蔵書を利用することで直接的に享受されるが，その他に，その周辺や地域社会（コミュニティ）への波及効果も十分に予想される。図書館で読書したり調べものをしたり

した結果，家族とのコミュニケーションが増え，勤労や勉学への意欲がわくことが考えられる。また，それによって生み出された成果が，広く人々の暮らしや仕事に活かされ，生活や人生を潤すこともありえるだろう。さらに，社会の発展や秩序の安定につながっていることも予想される。そこでは，個人の私的な要求の充足が，いずれは社会の必要に応えていく過程を想像できるのであり，その過程で「公益性」や「外部効果」が生まれているはずである。公立図書館の経営原理は，こうした公共性への確かな道すじによって支えられる。

2012(平成24)年12月に文部科学大臣によって告示された「図書館の設置及び運営上の望ましい基準」[3]において，市町村立図書館の「管理運営」に関しては，次のように規定されている（なお，同じ基準のなかで，これが都道府県立図書館にも準用されることが明記されている）。

　　第二　公立図書館
　　　一　市町村立図書館
　　　　1　管理運営
　　　　（一）基本的運営方針及び事業計画
　　　　　　① 市町村立図書館は，その設置の目的を踏まえ，社会の変化や地域の実情に応じ，当該図書館の事業の実施等に関する基本的な運営の方針を策定し，公表するよう努めるものとする。

これは，公立図書館にとって「経営方針」を策定することにあたると思われる。実際，この基準告示に先立って公表された『図書館の設置及び運営上の望ましい基準の見直しについて』（これからの図書館の在り方検討協力者会議報告，2012年8月）[4]では，「これからの図書館経営に必要な視点」として11項目が挙げられているが，その一つに以下のものがある。

3：文部科学省生涯学習政策局社会教育課．"図書館の設置及び運営上の望ましい基準（2012年文部科学省告示第172号）"．文部科学省 Web サイト．2012-12-19．http://www.mext.go.jp/a_menu/01_l/08052911/1282451.htm，(参照2013-05-24)．
4：これからの図書館の在り方検討協力者会議．"図書館の設置及び運営上の望ましい基準の見直しについて"．文部科学省 Web サイト．2012-8．http://www.mext.go.jp/b_menu/shingi/chousa/shougai/019/houkoku/1330338.htm，(参照2013-05-24)．

③　利用者の視点に立った経営方針の策定に関すること
　　図書館は，地域住民をはじめ社会・地域のニーズに基づき，適切な図書館サービスを提供するため，それぞれの図書館がめざす使命や目的を定め，公表する必要がある。
　　図書館の経営にあたっては，社会や地域の実情，利用者のニーズの変化に応じ，さらに，利用者の視点に立った図書館サービスを行うよう，サービス内容の見直し等を行うことが求められる。

　これらによって，公立図書館が経営方針を策定したうえで，公共経営の考え方に則して経営されるべきことの原則的な理解が得られる。
　一方，私立図書館については，"一般公衆の利用に供し，その教養，調査研究，レクリエーション等に資することを目的"とし，"日本赤十字社または一般社団法人もしくは一般財団法人が設置する図書館をいう"とされる。この図書館法の規定では，必ずしも公益認定を受けた法人が設置するものに限られないことになるが，やはり2012（平成24）年12月告示の「望ましい基準」では，次のように規定されている。

　　第一　総則
　　　三　運営の基本
　　　　④　私立図書館は，当該図書館を設置する法人の目的及び当該図書館の設置の目的に基づき，広く公益に資するよう運営を行うことが望ましい。

　これも，公立図書館の場合と同様に，経営の基本を規定したものと考えられ，公益性に則した経営原則と言える。

4．大学図書館の経営論

　わが国には，大学図書館について規定した法律はなく，学校教育法第2条に基づいて定められた大学設置基準第38条（図書等の資料及び図書館）の各項にわずかに図書館への言及が見られるのみである。その第1項には，次のような規定がある。

1．大学は，学部の種類，規模等に応じ，図書，学術雑誌，視聴覚資料その他の教育研究上必要な資料を，図書館を中心に系統的に備えるものとする。

これは，収集すべき資料を規定したものであるが，大学図書館にとって「教育研究」への貢献が大きな使命であることがうかがえる。もちろん，大学全体にとっても「教育」と「研究」が大きな使命であることに変わりなく，大学図書館は，この使命を図書館経営を通じて果たしていくことになる。

その際，「教育」を受けるのは一人ひとりの学生であり，「教育」を行い「研究」を行うのも基本的には一人ひとりの教員である。したがって，そこでの図書館サービスも，基本的には彼らの個人的ニーズに即した資料提供や情報サービスとなる。しかし，例えば，教員へのサービスがその教員による授業の教材開発のためであれば，その効果は学生らにも及ぶだろう。もちろん大学図書館による研究面での支援であれば，優れた研究成果を世に生み出すことにつながり，大学の社会に対する貢献を図書館も間接的に担うことになる。

大学図書館が学生らを対象に幅広く学習支援を展開することができれば，勉学意欲が旺盛な学生を増やし，学内のみならず学外でも活躍できる人材を育てることになる。これは学業や就職活動などの面で成果をもたらし，学生個人にとっても，また教員や大学全体にとっても，社会的評価を高め，一定の便益をもたらすと考えられる。これらは，いずれも図書館による個人や研究室単位でのサービスを通じた，より広い文脈での貢献にいたる道筋である。

このように考えると，大学図書館も，大学という一つのコミュニティにおいて，公益性や公平性等の「公共性」を実現しようとしていることに気づくであろう。また，すでに触れたように，国立大学法人に限らず，公私の各大学にも相当額の国庫助成金が支出されており，これも大学には「外部効果」が十分見込めるからにほかならない。大学図書館にも，実際その運営費用の一部に国庫助成金が充当されている[5]。

こうした事情を背景に，2010年12月に公表された文部科学省科学技術・学術

5：中林雅士．特集図書館経営：図書館運営費の安定確保に向けて．情報の科学と技術，2011，vol.61，no.8，p.317-323．

審議会による「変革する大学にあって求められる大学図書館像」[6]と題された審議のまとめでも、大学図書館の基本的機能について、次のように触れている。

> （１）大学図書館の基本的機能
> 　大学図書館は、大学における学生の学習や大学が行う高等教育及び学術研究活動全般を支える重要な学術情報基盤の役割を有しており、大学の教育研究にとって不可欠な中核を成し、総合的な機能を担う機関の一つである。
> 　大学図書館は、これまで、大学の教育研究に関わる学術情報の体系的な収集、蓄積、提供を行うことで、教育研究に対する支援機能を担ってきた。また、大学図書館に蓄積された学術情報は、検索可能な形態で公開されることにより社会全体の共有財産として、学術情報基盤を構築してきた。

このように学術情報基盤を担う大学図書館の基本的な機能に基づき、大学図書館も利用者一人ひとりから利用料を徴収することなく、大部分の経費を学生納付金や国庫助成金などでまかなっている。この点で、大学図書館にも設置母体である大学の使命達成に向けた公共経営が求められるのである。

5．学校図書館の経営論

学校図書館に関しては、学校図書館法が制定されており、その第２条で学校図書館の設置目的が次のように謳われている。

> 　学校において、図書、視覚聴覚教育の資料その他学校教育に必要な資料を収集し、整理し、及び保存し、これを児童又は生徒及び教員の利用に供することによって、学校の教育課程の展開に寄与するとともに、児童又は生徒の健全な教養を育成すること。（一部省略）

この設置目的に基づいて、学校図書館は児童生徒の「読書センター」機能及

6：科学技術・学術審議会学術分科会研究環境基盤部会学術情報基盤作業部会．"大学図書館の整備について（審議のまとめ）―変革する大学にあって求められる大学図書館像―"．国立国会図書館 Web サイト．2010-12．PDF．http://www.janul.jp/j/documents/mext/singi201012.pdf，（参照2013-05-24）．

び「学習・情報センター」機能という二つの柱を持つものと一般に捉えられている。これは，とりもなおさず学校という一つのコミュニティの教育機能と整合し，これを支援するものであり，さらには児童生徒一人ひとりの学ぶ権利と教員一人ひとりの教える自由にも同調する。そして，学校図書館の設置及び運営は，児童生徒らの心身の成長と発達に資すると同時に，やがてそれが学校というコミュニティを越えて，地域や国全体の豊かさにつながっていく。教育がもつ本質的な「私益性」と「公益性」は，学校図書館の目的や機能においても変わらない。

　このような文脈で学校図書館をとらえるならば，学校図書館の保有するさまざまな資源をその目的に照らして適切に運用するうえで，公共経営の視点が不可欠であろう。これは，教育機関に設けられる図書館という点で大学図書館の場合と似ているが，初等中等教育段階では，図書館の主たる利用者である児童生徒が未成年であり，自らニーズを表明したり図書館の在り方について意見を述べたりすることが難しく，ましてや図書館利用の対価を支払うことはあり得ない。それだけに，公平性・平等性と中長期的な教育効果とを考慮した公共経営が求められるのである。先の2−1図で示した「公共経営の構図」の「経済システムの原理」や「政治システムの原理」よりも，何より「教育システムの原理」が必要とされる。

　また，今日のわが国の学校図書館において，その経営者を誰に求めるのかも，きわめて重要な問題である。学校全体としての経営責任者は，一般的には当該学校の校長である。学校図書館が学校に附置された設備の一つである以上，校長が学校図書館経営の責任者とも言えるが，公立図書館の経営者が当該自治体の首長ではなく，大学図書館の経営者が当該大学の学長でもないように，学校図書館の経営者も校長とは考えにくい。やはり学校図書館に常駐する専任教員（司書教諭）もしくは専任職員（学校司書）が図書館経営の任にあたるべきだろう。

　この学校図書館経営者が，学校全体の教育目標に沿いつつ，「読書センター」と「学習・情報センター」の機能を十全に果たすよう継続的・計画的に資源を配分し，教職員と児童生徒，父母，さらに地域住民らに働きかけながら，公共性の実現に向けて活動を展開していくことが学校図書館の公共経営である。

6．その他の図書館の経営論

　図書館の種類には，他に専門図書館や国立国会図書館などがある。これらも，他の図書館同様に設置母体となる機関（国会や国民を含む）の目的や理念，意思の実現に向けて資源配分を行い，継続的・計画的に経営されるべきものである。そこでは，機関によって優先される公共性のとらえ方が異なっている場合もあろうが，単に経済的合理性だけで経営判断がなされることはないはずである。図書館利用者への直接的・個人的な便益と，それが周囲や機関全体，社会全体，さらに国全体にもたらす間接的・中長期的な便益や波及効果とを勘案しながら，図書館サービスを展開していくところに公共経営の難しさと同時に面白さがあると言えよう。

7．図書館経営のガバナンス

　公共経営の責任者はそれぞれの公共機関や組織の長であるが，この経営者の経営判断や意思決定だけで経営が進められるわけではなく，その際に欠くことのできない概念としてガバナンスがある。特に近年，図書館経営にとって重要な視点となりつつあるので，ここで説明しておくことにしよう。

（1）ガバナンスの概念

　ガバナンス（governance）は，従来のガバメント（government，政府）に対置され「統治」と訳されることが多い。先にも触れた古川は，これを"中央政府だけではなく，地方政府，住民，企業，NPO・NGO などが共同，協働，対立しつつ，権力を分有して，統治を行う状況をさす"と定義している。

　現代社会において，民間企業や地方自治体のような組織体は社会的に大きな影響力をもっており，そこでは公正かつ適正な組織行動が求められる。なぜなら，その行動の影響は直接的な出資者，従業員，消費者，取引先等，組織体の利害関係者だけでなく，組織や国境を越えて広範囲に及ぶからである。それゆえ，組織の巨大化・多国籍化が進行する現代社会にあっては，適切な組織経営

が求められ，それを実現するためには，組織体としての適切なガバナンスが求められるのである。

　図書館のガバナンスとは図書館という組織体のガバナンスであり，その目的は次の二つに大別できる。①倫理に関わる問題，すなわち組織内での不祥事や不始末等を防ぎ，法令を順守すること，②組織の効率性に関する問題，の二つである。

　倫理に関する問題には，例えば，組織体の事業や個人の組織内での言動を法的に適正に運営・維持するだけでなく，所与の経営資源である運営費や予算等の執行の適正化を図り，組織体の発展可能性を増大させることなども含まれる。このような倫理問題に加え，ガバナンス本来の目的から無視できないのが効率性の問題である。

　効率性の問題についてはマクロ的に国民経済政策の観点からの社会効率の問題と，ミクロ的観点から組織効率の問題とに区分される。この際に組織の関係者（ステークホルダー）の利害がしばしば衝突する。例えば，開館時間の延長は利用者からは歓迎されるであろうが，職員からは労働時間の延長ということで，反撥を受けたり，図書館の運営コストの上昇を招いたりなどの問題が生じる。

　では，このような組織のガバナンスの主体は誰なのであろうか。すなわち，「誰が図書館という組織を統治するのか」という問題は「図書館は誰のものか」という問いに置き換えることも可能である。公立図書館ならば，設置者である自治体なのか，その自治体の主権者である地域住民なのか。自治体であるとすれば，自治体の首長なのか，それとも自治体という行政体そのものなのか。住民であるとするならば，住民税の納税者に加え，自治体にあって事業税を納める事業所の従業員は含まれるのか，選挙権を持たない未成年者や外国人は含まれるのか，といった問題である。

　この点について，経営管理論の研究者田尾雅夫は"ガバナンスとは公共部門のなかではひと筋縄では捉えようのない，語義の混乱を内包した言葉である"としながらも，次のように説明している[7]。

7：田尾雅夫. 公共経営論. 木鐸社, 2010年, p.49-52.

地域社会は，さまざまな利害関係者から成り立っている。株主を市民や住民に置き換えれば，すでにさまざまの利害関係者の集合である。それらが個々の利害を超えて，その組織をだれが統治しているのか，だれのための組織かと問いかけ，一組織の利益ではなく，広く公益を追求するための仕掛け作りをすることがガバナンスである。

図書館であれば，この場合の地域社会（コミュニティ）に，それぞれ地方公共団体や大学，学校など図書館がサービス対象とする概念的な空間を想起してよい。そして公共経営（public management）にとって，そのコミュニティ内外に広範に存在する利害関係者に対し説明責任（accountability）を果たし，説得し納得させるプロセスがきわめて重要となる。こうしたプロセスが公共経営に確保されることで，コミュニティの「生活の質（quality of life）」が改善されたり，利害関係者の相互作用の質が改善されたりすると考えられる。これは，コーポレート・ガバナンス（企業統治）に対して，公共ガバナンス（public governance）とも呼ばれる[8]。誰が主体とみなせるかというよりも，一人でも多くの利害関係者が納得できる解決策を提示できることが，公共ガバナンスには求められるのである。

（2）公立図書館のガバナンス

公共経営としての図書館経営を支えるガバナンスの仕組みも，けっして十分とは言えないが，いくつか用意されている。代表的なものは，図書館法第14条から第16条に規定される図書館協議会である。これは，"図書館の運営に関し館長の諮問に応ずるとともに，図書館の行う図書館奉仕につき，館長に対して意見を述べる機関"（法第14条）とされ，設置や委員の任命基準，定数などが地方公共団体の条例で定められることになっている[9]。この協議会が多様な出身

---

[8]：詳しくは，次の文献を参照されたい。大山耕輔．公共ガバナンス．ミネルヴァ書房，2010，217p，（BASIC公共政策学，8）．
[9]：ただし，図書館法第16条では"委員の任命の基準については，文部科学省令で定める基準を参酌するものとする"となっている。そして，その基準では"学校教育及び社会教育の関係者，家庭教育の向上に資する活動を行う者並びに学識経験のある者の中から任命することとする"とされており，2011年の改正前の法第15条の規定と何ら変わっていない。

母体の委員から構成され，館長からの諮問に答申するだけでなく，実質的な協議を公開の場で定例的に行えば，ガバナンスは有効に機能するだろう。

　例えば，2008(平成20)年の法改正で新たに図書館法第7条の3が設けられ，図書館の運営状況に関する評価を努力義務として規定したが，この評価に関してその後に改正された「望ましい基準」[10]は，次のように規定している。

> （運営の状況に関する点検及び評価等）
> 　市町村立図書館は，図書館協議会の活用その他の方法により，学校教育又は社会教育の関係者，家庭教育の向上に資する活動を行う者，図書館の事業に関して学識経験のある者，図書館の利用者，住民その他の関係者・第三者による評価を行うよう努めるものとする。（一部省略）

　実際にこのようなことが実現されれば，公共ガバナンスとしても望ましいことになる。広範な利害関係者に対し，図書館運営における資料収集やサービス提供の状況について説明責任を果たし，業務の正当性や妥当性について納得してもらえるプロセスとなり得るからである。とは言え，図書館協議会の設置は義務ではないため，これを設置していない地方公共団体も多い点には十分に留意する必要がある。

　他に公立図書館では，教育委員（地方教育行政の組織及び運営に関する法律第3条）と社会教育委員（社会教育法第15条）の会議のように法的根拠をもつ組織もあれば，利用者懇談会，図書館友の会，ボランティア団体などのように法的・制度的な裏づけをもたない任意の利害関係者の集まりもある。また，館内に設けられた投書箱やWebサイトからメールで利用者の意見や要望を伝え，これらに対する図書館からの回答を公開する手法も普及しており，ガバナンスの仕組みは整備されつつある。

（3）大学図書館のガバナンス

　大学図書館経営では，公共図書館の場合の図書館協議会のようなガバナンスの仕組みが法的に整備されているわけではない。しかし，大学内の学部や研究

10：前掲注3参照。

所，部門などを代表する委員から構成される図書館運営委員会や図書館協議会などが組織されることも多い。ここで，委員の意見や要望をもとに年次報告や年間計画について協議し，その承認を得て，図書館経営の正当性や妥当性を裏づけるのである。

だが従来のこうした仕組みだけでは，十分にガバナンスが機能しないことから，近年，より積極的に大学図書館の戦略的な位置付けを明確にしようとする提案もなされている。例えば，先にも触れた2010(平成22)年12月の「変革する大学にあって求められる大学図書館像」では，「大学図書館の組織・運営体制の在り方」と題した箇所に，次のような指摘が見られる[11]。

> 大学図書館は，各大学における学術情報基盤であるとの認識に立って，大学の情報戦略についてイニシアチブを発揮することが重要と考えられる。
> 各大学において，大学図書館は，その果たすべき役割・機能の変化を踏まえ，中・長期的な将来計画を策定する必要がある。それを役員会等に提示することや，全学的な理解を得ることを通して，大学全体の将来構想並びにそれに係るアクションプランの中で，重要な学術情報基盤としての大学図書館の戦略的な位置付けを明確化し，改めて学内外に向けてアピールしていくことが重要である。

ここでは，大学図書館の中・長期的な将来計画について，役員会等へ提示したり全学的な理解を得たりして，戦略的な位置づけを明確にすることの重要性が指摘されているが，そのためにはガバナンスの仕組みが整備されていなければならない。さらに，「変革する大学にあって求められる大学図書館像」では[12]，図書館長の学内的位置づけを高める必要性が強調されており，経営とガバナンスの一体となった変革のプロセスが構想されていることがうかがえる。

ただし，学生への学習支援や大学院生等の図書館利用をも併せて考えれば，図書館運営委員会等への学生の関与も必要だろう。少なくとも，大学院研究科をもつような研究指向の大学であれば，ガバナンスの仕組みのいずれかに大学院生が関与できるようにするべきである。

11：前掲注6，p.10-11参照。
12：前掲注11のp.11参照。

(4) 学校図書館のガバナンス

　学校図書館においても，法的な根拠をもとにしたガバナンスの仕組みは用意されていない。しかし，大学図書館と同様に，学校内に学校図書館運営について定期的に協議する場として図書館運営委員会のようなものが組織されることは多い。例えば，小学校の司書教諭としての経験をもとに，2-2図のような位置づけの「学校図書館経営委員会」を組織するべきとの提案も見受けられる。
　ここでは，"学校図書館の経営を，司書教諭や学校図書館担当者が個人として行うのではなく，組織化された学校図書館経営委員会として計画・実践していくことで，学校図書館経営に対しての教職員の理解と協力が得られ，学校図書館教育活動が学校全体のものになり，継続して推進される"ことが述べられているが，このように機能すれば，学校図書館ガバナンスの優れた実例となろう。
　また，同じ著者により学校内外の図書館関係者との連携の模式図が，次頁の2-3図のように提案されている。先の図と併せて学校図書館のガバナンスを構成すると思われるが，その実質化のためのルールづくりも欠かせない。ここに父母や学校ボランティア，生徒らの意見や要望，そして学校が存在する地域

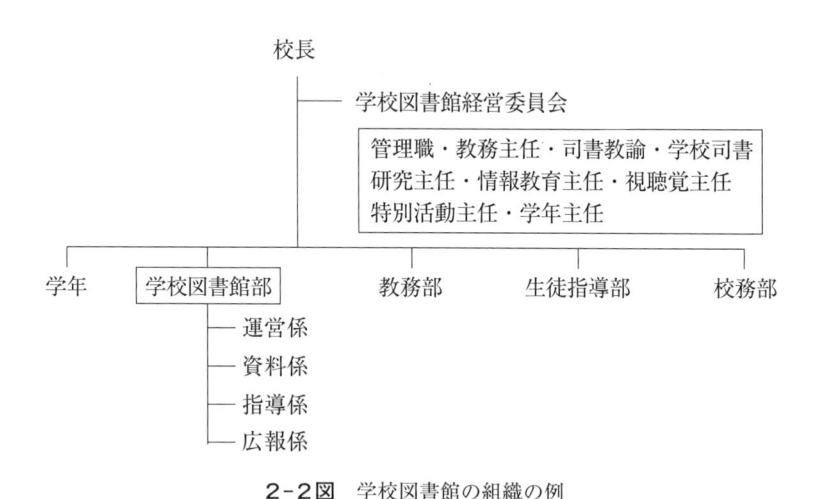

2-2図　学校図書館の組織の例
（徳田悦子「学校図書館経営計画の策定と運用」学校図書館，通巻第725号，2011，p.16より）

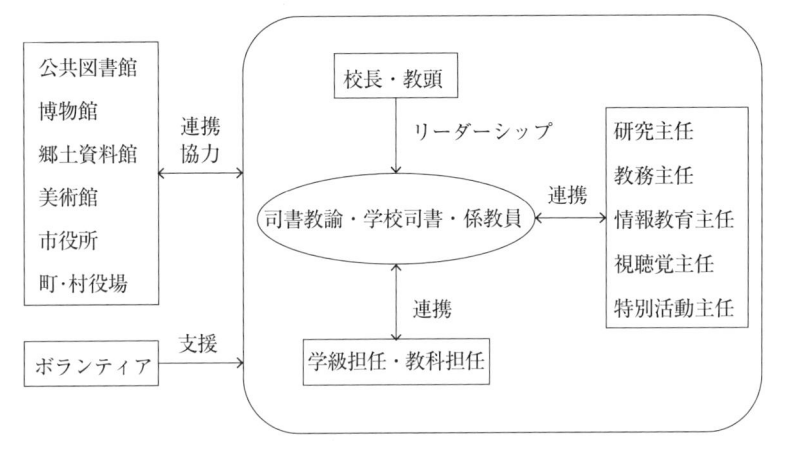

2-3図　学校図書館の連携の例
(徳田悦子「学校図書館経営計画の策定と運用」学校図書館, 通巻第725号, 2011, p.17より)

の協力（PTAや学校支援地域本部など）を得ることで，いっそうガバナンスが整備されることになる。

3章　図書館の組織と職員

1．組織構成

(1) 図書館の設置者と組織

　地方公共団体により設置された公立図書館は，地方公共団体の長が設置者になっている一部の図書館を除き，各地方公共団体の教育委員会が設置者となり運営されている。公立図書館の設置に関する事項は，図書館法第10条の規定により，地方公共団体の条例で定めなければならないとされている。条例では設置目的や組織の名称・位置等の基本的な内容が定められ，その他の必要な細かな事項は教育委員会規則によって定められている。

　図書館の組織は，地方教育行政の組織及び運営に関する法律第18条2項及び地方教育行政の組織及び運営に関する法律施行令第6条の規定に基づき規定されている。最も一般的な例では，図書館は，「○○市教育委員会事務局組織規則」で定める事務局組織ではなく，法令及び条例に基づき設置されている教育機関及びこれらに類する施設として規定されている（事務局組織として規定されている自治体もある）。

(2) 図書館運営の現状

　実際の図書館の運営は，2003（平成15）年の地方自治法の一部を改正する法律の施行によって大きく変わってきている。それまでの公立図書館の運営は，自治体職員が管理・運営する直営方式が大部分で，図書館は，その設置自治体に雇用された職員が就労しているところであった。しかし，法の改正により，業務を受託できる者が，株式会社をはじめとする営利企業・財団法人・NPO法人などの民間事業者にも拡大され，受託者が使用許可権限の行使ができるよう

に変更になった。

　公立図書館への指定管理者制度の導入に関して，社団法人日本図書館協会は，2005年8月と2010年3月に「公立図書館の指定管理者制度について」と題した見解を発表し[1]，"公立図書館に指定管理者制度を適用することには制度的な矛盾があると考えられる（2005年）" "指定管理者制度の適用は適切ではないと考えております（2010年）"と，否定的な姿勢を示している。また，片山総務大臣（当時）は，2011年1月5日の大臣閣議後の記者会見[2]に見られるように，"公共図書館は指定管理になじまない"との姿勢を示しているが，日本図書館協会の調査では，2012年度までに導入した市区町村立図書館数は333館と，年々増加している[3]。

　また，図書館サービスの一部の業務について，民法に基づく請負契約である業務委託を行ったり，労働者派遣法による派遣労働者を導入したりする等，図書館の現場は，地方公共団体によって多様な雇用・労働環境となっている。

　ほかにも，1999（平成11）年7月に「民間資金等の活用による公共施設等の整備等の促進に関する法律」（PFI法）が制定されたことにより，公共施設等の建設，維持管理，運営等を民間の資金，経営能力及び技術的能力を活用して行うPFIの手法による運営も行われており，図書館の管理状態は，ますます多様化している（詳しくは本書Ⅱ部「経営論」7章を参照）。

　加えて，地方自治法第180条の7の規定により，教育委員会の権限に属する事務の一部を市長の事務を補助する職員が補助執行する図書館運営も増えてきている。

　ひと口に図書館といっても，都道府県や政令指定都市から町村まで，設置自

1：日本図書館協会．"日本図書館協会の見解・意見・要望"．日本図書館協会Webサイト．2013-04-17. http://www.jla.or.jp/demand/tabid/78/pageno/1/Default.aspx,（参照2013-05-23）．
2：総務省．"片山総務大臣閣議後記者会見の概要"．総務省Webサイト．2013-01-05. http://www.soumu.go.jp/menu_news/kaiken/02koho01_03000154.html,（参照2013-05-23）．
3：日本図書館協会図書館政策企画委員会．"図書館における指定管理者制度の導入の検討結果について2013年調査（報告）"．日本図書館協会Webサイト．2013-08-22. http://www.jla.or.jp/Portals/0/images/committe/torikumi/sitei2012.pdf,（参照2013-10-08）．

治体によって，その規模には差異があり，行政組織上，「部」の位置づけにある一部の大都市の図書館から，「係」の位置づけ，または係の業務の一部である町村の図書館までさまざまである。大きな図書館となれば，100人を超えるスタッフで運営するところもあれば，1人の臨時職員で運営され，館長は教育長が兼務している村の図書館もあり，同じ社会教育施設でも，この点が公民館等と大きく異なっている。

　また，人口10万人程度の自治体でも，図書館は，教育委員会生涯学習課や文化課等の組織の長の事務分掌になっている例，図書館長は兼務で，実際の運営は副館長が担っているなどの例も多く，しかも，副館長は非常勤職員という場合もある。

　このように，わが国には公共図書館が3,200館以上あるが，人口を基礎に類似団体を比較し，その規模に応じた図書館のスタンダードな組織を導き出すのはきわめて困難と言える。

2．職員体制の特徴

　図書館は役所・役場内の部署と比較して，職員体制に関して次のような特徴が挙げられる。

①正規の一般行政職員として，司書又は司書補の資格を有し専門的職員として従事する者（辞令上の職名は問わず）と，資格を有しない者がいる。
②地方自治体が雇用，人事管理する非正規職員（嘱託職員，臨時職員，パート職員等）や委託業者社員，派遣職員等，さまざまな雇用形態の職員が就労している。
③専門的な基幹業務は非正規職員や委託業者等が担い，正規職員は管理（総務）業務を所管する館が増えている。
④非正規職員の比率が高い。
⑤一般的な行政サービス時間に比べ，図書館サービスの時間は変則的なため，職員の勤務ローテーションが複雑である。

　以上は，あくまで割合の高いものを挙げたのであり，すべてが一つの自治体，図書館に当てはまるものではなく，全く該当しない図書館も少なくない。

本章1節「組織構成」で述べたように，組織機構，運営形態等が多種多様なため，職員体制の典型例を示すのは難しい。一般的には，館長を決裁権者として，都道府県立及び政令指定都市立規模ならば，館長以下，副館長，課長，係長等の職階制となる。これらのラインの職位には，資格の有無を問わず一般行政職員が就くことが多い。都道府県立ならば，都道府県採用の教員が一定期間学校を離れて就くこともある。職名は別にして，おおむね有資格者は一般職の平均的な異動サイクルより在職期間が長い。また，館長は，自治体の規模の大小にかかわらず，有資格者は在職期間が長いが，資格を有しない者は在職期間が短い傾向がある。

　3年に1回実施される文部科学省指定統計「社会教育調査」（平成23年10月1日現在）[4]をもとに，その内訳を示したものが次頁の3-1表である。平成11年度と同23年度を比較すると，館長及び分館長で専任者が55.6％から14.7ポイント減り，兼任者が31.5％から9.1ポイント増えている。

　次に，専門的職員（司書または司書補の有資格者であって館長・分館長を除く）の割合を見ると，有資格者のほぼ半数が非常勤職員であり，専門的職員の50.3％を占め，指定管理者を加えた非正規職員の割合は，63.4％に上る。この12年間で専門的職員の非正規職員化が進んでいることがうかがえる。

3．図書館長と専門的職員，事務職員，技術職員

(1) 図書館長の職責と使命

　「図書館長」という存在は，管理職として，優れた事務能力，交渉能力はもとより，市民に支持される人格を併せ持たなければならない。また，専門的職員を部下に多く持つため，司書資格の有無に関わらず，司書が通暁する専門的業務への理解も求められ，公私にわたる積極的な行動が職員の規範となる。

　館長の職責と使命に関する主な規定等を次に紹介して，館長のイメージを明らかにする。

4：文部科学省．平成23年度社会教育調査報告書．日経印刷，2013，696p．

3-1表　館長及び専門的職員の雇用形態

	館長及び分館長		専門的職員	
	平成11年度	平成23年度	平成11年度	平成23年度
全体（％） （実人数）	100.0 (2,482人)	100.0 (3,038人)	100.0 (10,249人)	100.0 (17,382人)
専任（％）	55.6	40.9	75.1	35.2
兼任（％）	31.5	40.6	1.7	1.3
非常勤（％）	12.9	9.7	23.2	50.3
指定管理（％）	—	8.8	—	13.1

（文部科学省『平成11年度社会教育調査報告書』2001，文部科学省『平成23年度社会教育調査報告書』2013より作成）

①館長は，館務を掌理し，所属職員を監督して，図書館奉仕の機能の達成に努めなければならない。（図書館法第13条第2項）
②教育委員会は，公立図書館の館長として，その職責にかんがみ，図書館サービスその他の図書館の運営及び行政に必要な知識・経験とともに，司書となる資格を有する者を任命することが望ましい。（「図書館の設置及び運営上の望ましい基準」2012年12月19日付文部科学省告示）
③図書館を社会環境の変化に合わせて改革するためには，図書館の改革をリードし，図書館経営の中心を担う図書館長の役割が重要であり，今後ますますその重要性が高まると考えられる。図書館長は，社会や地域の中で図書館が持つ意義や果たすべき役割を十分認識し，その実現に向けて職員を統括し，迅速な意志決定を行うことが必要である。特に，地方公共団体の首長・行政部局や議会に対して，図書館の役割や意義を理解してもらうよう積極的に働きかけを行うことが必要である。また，図書館職員に対しては，社会のニーズや行政の施策を理解させることによって，それらと図書館サービスの関わりを見出し，結びつけることができるよう配慮すべきである。（「これからの図書館像～地域を支える情報拠点をめざして～（報告）」2006年3月　これからの図書館の在り方検討協力者会議）
④館長は，公立図書館の基本的任務を自覚し，住民へのサービスを身をもっ

て示し，職員の意見をくみあげるとともに，職員を指導してその資質・能力・モラールの向上に努める。このため，館長は専任の経験豊かな専門職でなければならない。(「公立図書館の任務と目標」2004年3月　日本図書館協会図書館政策特別委員会)

では，実際に図書館長は，先の責務と使命をどう実践すればいいのか。具体例を述べる。

(1)　図書館の経営方針を明確に打ち出すこと

図書館職員として，さらに行政職員として，自治体のミッションを明確に示すこと。さらに，図書館だけではなく，自治体の課題等を共有すること。

(2)　専門的職員，事務職員等の価値観を一致させること

専門的職員には行政職員としての意識の醸成，事務職員等には専門職の業務への理解を促し，価値観の離齬の解消に努め，図書館サービスの方向を一致させること。

(3)　非常勤職員のモラールの高揚に努めること

正規職員に比べ，非常勤職員は労働環境に多くの問題を抱えている。雇用不安の軽減に努めるとともに，積極的に研修機会を設け，責任と達成感を得られるミッションを与えること。

(4)　館長の仕事の可視化に努めること

館長の日常の業務が職員に見えていなければならない。議会でのやりとり，さまざまな会議の案件，研修報告等，職員に対して，館長の仕事の可視化に努めること。

(5)　職員と情報を共有すること

図書館経営は館長一人が行うものではない。図書館統計や庁内の情報も必要に応じ，適宜，職員と課題等の共有化を図り，職員全員で経営に当たる風土を醸成すること。

(6)　積極的にカウンターに出ること

自館の利用傾向やサービス上の問題点を把握し，図書館経営にフィードバックするために，できる限り積極的にカウンター（できればレファレンスカウンター）に出ること。

(7)　首長，議会及びマスコミへ情報発信すること

図書館の利用状況，各種イベント及び図書館の話題等，不断に情報発信し，図書館サービスの周知に努めること。

(8) 館内を巡回すること

一日に一回は必ず館内を巡回し，利用者と積極的に挨拶を交わすこと。また，利用規律に反した行為者への注意喚起，書架の整頓，職員の接遇等の把握に努めること。

(9) 図書館サポーターへ礼節を尽くすこと

図書館サポーター（読み聞かせ，返却図書の排架，資料装備等を担当する）への声かけや挨拶を励行し，礼節を欠くことのないよう努めること。

(10) 地域を知ること

図書館長として地域にとけ込み，地域を知ることは最大の使命である。行政や地域主催の各種イベントに積極的に参加し，地域情報を収集し，図書館のPRにも努めること。

このように，図書館長とは，日常的に市民に接する存在であり，知識や技術のみならず，広範な教養もその資質として求められている。また，こうした日々の実践こそが，職員のモチベーションの維持，モラールの向上に繋がっていくことになる。

（2）専門的職員，事務職員，技術職員

図書館には，先述した「社会教育調査」の項目にもあるように，専門的職員（司書または司書補の有資格者を指す）と，その他の職員（事務職員，技術職員）とが配置されている。これからの図書館の在り方検討協力者会議は，2008（平成20）年6月に『図書館職員の研修の充実方策について（報告）』[5]の中で，これからの図書館職員に求められる資質・能力を次のようにまとめている。

　○「これからの図書館像」を実現し，「地域を支える情報拠点」として機能する図書館を創造するためには，専門的職員である司書は，地域社会の課題やそれに対する行政施策・手法，地域の情報要求の内容，図書館サービスの内容と可能性を

5：文部科学省．"図書館職員の研修の充実方策について（報告）"．文部科学省Webサイト．2013-05-22. http://www.mext.go.jp/a_menu/shougai/tosho/teigen/08073040/001.htm，（参照2013-05-23）．

学び，情報技術や経営能力を身につけ，さらに，コスト意識や将来のビジョンを持つことなどが必要である。
○このためには，資格取得時に身につけた図書館に関する基礎的な知識・技術をさらに深め向上させることが必要である。
○また，都道府県・市町村教育委員会や県立図書館へのアンケート調査の結果によれば，司書が図書館で専門的な職員として業務を行う上で求められる知識・技術として，利用者ニーズの把握，資料の選択・収集・管理能力なども重視されている。(「図書館職員の資格取得及び研修に関する調査研究報告書」(平成18年度文部科学省委託調査研究))
○これらを踏まえ，図書館職員の研修について，以下の事項の知識や技術等の向上を図る視点から内容を見直す必要があると考えられる。
・社会の変化や地域の状況など図書館を取り巻く環境や制度等に関する知識。
・図書館の存在意義を理解し，外部の人々にそれをわかりやすく説明できる能力。
・生涯学習社会に対応し，人々の学習活動を支援するとともに様々な質問や問い合わせに対応する知識や技術。
・高度化・多様化する学習ニーズに応えられるレファレンスサービスを実施するための知識・技術。
・地域が抱える課題の解決のための図書館サービスや事業の企画・実施，そのための資料の組織化，コンテンツづくりのための知識・技術。
○また，情報化の進展に伴い，電子媒体の利用を進め，印刷媒体とインターネット等による電子媒体を組み合わせて利用できる図書館(ハイブリッド図書館)を目指すことが緊急の課題となっている。データベースやインターネット等の電子情報の利用に関する知識・技術の修得を，従来よりも重要視する必要がある。

このように，求められる知識・技術・能力は多岐にわたっている。OJTやOFF-JTですべて身につくものではなく，受け身の研修ではなく，自己啓発が必要である。しかし，専門的職員ではあっても，学協会(日本図書館協会，情報科学技術協会，日本図書館情報学会など)への加入率は決して高くない。

近年，日本図書館協会の認定司書制度や日本図書館情報学会の図書館情報学検定試験など，図書館職員や司書有資格者等の研さん努力あるいは能力・知識等を一定の基準で評価する制度がスタートした。前者は，研修の受講経験，研修・大学等での講師経験，図書館振興に向けた各種の社会的活動，著作・論文の内容などを審査し，「日本図書館協会認定司書」の名称を付与するものであ

る[6]。後者は，成績の順位や領域別の得点，平均点との差異がわかるような採点結果が返却されることで，自らの知識レベルを確認することができるものである。こうした動きも，今後，注目していく必要がある。

4．図書館ボランティア

(1) 図書館ボランティアの歩み

　地方自治体の施設の中で，図書館は最もボランティア活動が活発に行われている施設である。図書館におけるボランティアは，技術提供型と労働奉仕型に大別できる。前者は，読み聞かせや朗読奉仕等の一定の経験と技術を要するものであり，後者は，返却資料の書架への排架，書架の整理整頓等である。ともに，図書館の労働力不足を補うために期待されているものではなく，実践者の自己実現をめざすものである。

　「ボランティア」という言葉は，1965年頃から普及しはじめたと言われているが[7]，図書館においては，児童サービスのボランティア活動が圧倒的に多く行われている。

　1992（平成4）年7月の生涯学習審議会の答申「今後の社会の動向に対応した生涯学習の振興方策について」において，ボランティア活動と生涯学習の関係が明確にされたことにより，ボランティア活動の範囲が拡大し，参加者が増加したと記されている。

　この答申以降，図書館のボランティア活動に関して言及された主なものを時系列にみていくと次のように発展をみせている。

　①1999年　生涯学習審議会答申「学習の成果を幅広く生かす―生涯学習の成果を生かすための方策について―　（中間まとめ）」……図書館，博物館等の社

6：糸賀雅児．認定司書制度の開始にあたって．図書館雑誌．2010, vol.104, no.7, p.423-426.
7：文部科学省．"生涯学習審議会「今後の社会の動向に対応した生涯学習の振興方策について（答申）」"．文部科学省Webサイト．2013-05-22. http://www.mext.go.jp/b_menu/hakusho/nc/t19920803001/t19920803001.html,（参照2013-05-23）．

会教育施設等においては，住民のボランティア受入れを社会的な責務として捉え，積極的に受け入れることが望まれるとし，ボランティア受入れは，施設の運営の活性化にも役立つことが期待される，としている。

②2000年　地域電子図書館構想検討協力者会議「2005年の図書館像～地域電子図書館の実現に向けて」……将来の図書館において，館内に整備されたコンピュータで，電子化されたさまざまな情報を検索ツールとして活用する利用者の姿が描かれている。そこでは，コンピュータやインターネットについて，利用者からの質問に答えたり，調べ方を教えたりする「情報ボランティア」がいる様子が描かれている。

③2001年　文部科学省告示「公立図書館の設置及び運営上の望ましい基準」……必要な知識・技能等を有する者のボランティアとしての参加を一層促進するよう努力すること，ボランティア養成の研修の実施，諸条件の整備に努力すること等，市町村立図書館の役割として，「ボランティアの参加の促進」が定められた。

④2006年　これからの図書館の在り方検討協力者会議「これからの図書館像～地域を支える情報拠点をめざして～（報告）」……全国の約半数の図書館では，ボランティアとの連携・協力により活動の充実を図っており，このような活動は，地域の方々に図書館の機能を理解してもらう上で，さらには社会参加意識を醸成する上でも有意義な活動であるとし，図書館の運営に対する積極的な参画を，地域住民の方々に求めている。

（2）図書館ボランティアの種類

図書館において，さまざまなボランティアが行われている。主なものを3-1表に示す。

次に図書館ボランティアの特徴であるが，平成23年度の「社会教育調査」[8]の各施設におけるボランティア活動状況をまとめると，3-2表のようになる。

個人登録をして活動しているボランティアは，施設数からみると，図書館が群を抜いて多く，また，女性の活動が男性を凌駕しているのも特徴である。

8：前掲注4参照。

3-1表　図書館ボランティアの種類

種別	内容
児童サービス	読み聞かせ，紙芝居，人形劇，ストーリーテリング，パネル・エプロンシアターなど
障害者サービス	録音資料（DAISY等）作製，点字図書作製，対面朗読など
館内サービス	書架整理や排架，イベント補助，館内ガイド，利用案内，館内美化，外国語通訳，IT援助など
その他	資料装備，郷土資料等のサブテキスト作成など

3-2表　社会教育施設におけるボランティア活動状況

種別	施設数	団体登録者数 男	団体登録者数 女	個人登録者数 男	個人登録者数 女
図書館	3,274	5,208	66,847	10,645	29,385
公民館	14,681	55,835	111,345	4,956	9,862
博物館	1,262	7,423	9,765	6,319	10,450
社会体育施設	27,469	40,074	26,760	4,294	3,138

（3）図書館ボランティアの課題

　ボランティア活動等の受け入れは，「図書館の設置及び運営上の望ましい基準」（2012年12月告示）が示すように，その促進が図書館の課題となっている。条件整備等，受け入れる図書館側にとって負担は少なくはないが，図書館の「仕事」として取り組む必要がある。なお，ボランティア活動は，住民等の利用者が学習の成果を活用する（図書館法第3条8号）場の一つとして捉える観点から，2008(平成20)年の図書館法改正において，新たな図書館奉仕の事項に付け加えられている。

　また，市民の自己実現であるからといって，特に読み聞かせ等の児童サービスにおいて一定の技術水準に満たない者に，図書館事業としての活動の場所を提供することも問題である。ボランティアとはいっても，図書館サービスの一環である以上，そのサービスの受け手の満足度と公共サービスとしての品質の

保証が必要である。

　次に大切なのが評価である。図書館長は，団体や個人の活動を評価し，その実績をとりまとめ，関係機関に推薦することでボランティア活動をさらに活発にしていくことが求められる。一例を挙げれば，全国レベルでは，野間読書推進賞（読書推進運動協議会），子どもの読書活動優秀実践団体（者）大臣表彰（文部科学省），文字・活字文化推進大賞（社団法人全国出版協会），こども文庫功労賞（公益財団法人伊藤忠記念財団）などがあり，また，地方レベルでは，奈良県や大分県の教育委員会では，子どもの読書活動優秀実践団体（者）の表彰制度がある。このような制度の積極的な活用こそが，両者の信頼関係をより堅牢なものにしていくことにもなるのである。

　なお，図書館ボランティアは，図書館という施設を活動の拠点としているものを指すが，地域を活動拠点に読書普及活動をしている個人や少人数のグループも多く，その実態の把握は困難である。このような活動を支えているのが，東京子ども図書館が行う子どもの図書館講座や全国の図書館などで行われているスキルアップ研修などの多種多様な研修である。

4章　図書館の財政と予算

1. 予算の配分と執行

(1) 予算要求の課題

　図書館は，教育委員会が所管し，図書館の設置，管理及び廃止に関する職務権限は教育委員会にある。そのため，長からの指揮・命令等を受ける立場にはないが，予算の調整，決算認定に関する権限等は教育委員会にはない。図書館の予算の調整，決算認定に関する最終的権限は，地方公共団体の長にあり，予算担当の部署が所管する。

　地方自治体における予算の配分と執行は，一般的には，まず各局・部・課において編成された要求額を予算担当の部署が当該自治体の予算編成方針に則り調整することから始まる。また，基本構想・計画に準拠した一定額を超える大きなプロジェクト事業は，企画担当の部署により，事業内容及び必要経費等，その適否が審査され，主要施策として通常の予算編成とは別に首長を交え調整される場合が多い。

　地方公共団体の予算は，費目別予算が一般的で，諸般の事情で費目別の支出額に齟齬(そご)が生じた場合に，費目間融通の困難な仕組みである。

　また，財政担当は，事務事業の見直しを求めるものの，各部署が自ら事業の廃止を提案する事例は僅少である。図書館で言えば，図書館側が自ら資料費の削減に取り組んだという事例は聞いたことがない。図書館では，非正規職員の人件費をはじめ，債務負担行為として複数年にわたる支出が議会に認められた図書館システムのリース料等，サービスを遂行する上での固定的な経費が図書館費全体に大きな割合を占めているのが特徴である。

　しかし，昨今の税収の落ち込みのため，歳入が見込めなければ，歳出を絞り

込むしかなく，マイナスシーリングの方針が示され，新規事業になかなか取り組めないのが現状である。

　図書館の予算編成に関して，職員の課題として挙げられるのは次の点である。
①予算編成の庶務担当者が専門的職員ではないため，図書館サービス全体を理解していない場合が多い。
②専門的職員が予算担当課との予算折衝に出席することが少ないため，専門的職員に予算編成に関する全般的な知識や関心が不足している。
③所属する地方自治体の事業等に対する関心が希薄なため，逼迫した財政事情の窮状を理解した予算編成ができない。
④「望ましい基準」等の参考資料として示された蔵書冊数等，公に示されている各種の数値や指針に拘泥しがちで，行政職員でありながら，自ら守備範囲を図書館員という狭隘(きょうあい)な範囲に閉じ込めている。
⑤図書館サービスの最大の原資である資料費の多寡に関心が集中しすぎで，新たな発想が予算に反映されていない。

　次に，図書館の予算の特徴は次のとおりである。
①図書館法第17条に"公立図書館は，入館料その他図書館資料の利用に対するいかなる対価をも徴収してはならない"と規定されていることにより，利用料または使用料として，サービスの対価としての受益者負担を求めていないことから，歳入予算がきわめて少ない。
②図書館のサービスは，質的サービスと量的サービスのいずれも，提供する主体が職員であることから，非正規職員も含め人件費の占める割合が高い。
③新館建設，大規模修繕，図書館システムの入れ替えなどの大きな支出を要する事業や長期間の閉館でもないかぎり，平常時の図書館サービスに関しては，市議会でサービスの是非などが問われることは少ない。

　このように，図書館職員及び図書館サービス自体に，予算要求に関する課題がある。こうしたことから，図書館の予算については，どの自治体でも要求額の獲得に苦慮している現状がある。

　さらに，昨今の地方公共団体の歳入において住民税や固定資産税が大幅な減収になっているため，納税者から見れば，自分たちの「血税」という意識がより強く働き，行政に対する要求・不満はいっそう高まっている。そのため，市

民ニーズの優先順位（プライオリティ），費用対効果など予算措置の判断基準は以前に増して厳しくなっている。

　財政担当課，財政担当局・部長の調整を経て，予算は各課に内示される。予算要求の段階で，所属する局・部に示された枠内予算額の範囲内で調整して提出する自治体も多く，その場合は，財政担当課からの内示前に，一定の図書館予算は館長の知るところとなる。

　予想に反して，大幅に削減されて示された予算内示額に納得できない場合は，理事者に対して復活要求のプレゼンテーションが求められる。所謂，敗者復活戦である。復活要求は，理事者もしくは市の幹部に図書館サービスの課題等を説明できる絶好の機会とも言える。ここで，図書館長や図書館職員の力量，日常の組織的運営の努力，予算獲得のための準備の成果が試される。

（2）予算執行とガバナンス，内部統制

　予算の執行とは，図書館の経営資源をどうやって有効かつ有機的に使うかである。経営資源とは，図書館の三要素と言われる施設・職員・資料である。これらが図書館を動かすガソリンならば，図書館システム，法令，制度・ルールはオイルの役割を果たす。この両者が有機的に動かなければ，目的を達成するための予算の執行にはならない。

　図書館内で，館長以下の権限を決め，事務分掌を定め，円滑にサービスを遂行するためのさまざまな法令や制度等を順守し，図書館の使命を効率的に遂行していくシステムがガバナンスと内部統制である。館長のマネジメント，または組織としての側面から，本書Ⅱ部「経営論」3章でも触れているが，予算の執行，内部監査とも不可分であるため，本章でも取り上げることにしたい。

　組織体のガバナンスが機能するためには組織の使命達成に向けて，組織が柔軟に機能するよう組織内部の諸要素，諸活動が有機的に働かなければならない。それを可能にする組織として，すべての職員が適切に行動するためには，組織内部の統制が十分に行き渡っていることが前提となる。これが，組織体が効果的かつ効率的に機能するうえで，内部統制を必要とする理由である。

　図書館における内部統制とは，以下の四つの目的[1]が達成されるよう，組織内の業務に組み込まれたプロセスをさす。

(1) 業務の有効性および効率性

図書館サービスが，設置者の想定した水準以上のサービス効果を利用者にもたらしているか。

(2) 財務報告の信頼性

図書館の財務管理が適正であると認められているか。

(3) 事業・業務活動に関わる法令等の遵守

図書館の運営が法令に則って実行されており，違法，不法な活動や行為がないか。

(4) 資産の保全

図書館に帰属する資産類，例えば蔵書やその他の備品類が適正に管理されているか。

図書館では，こうした内部統制についての論議は従来ほとんど行われず，最近になって，一部の図書館関係者によってその必要性が認識されるに至った。その理由としては，従来，日本の図書館は小規模な組織が多く，そこでは図書館の専門的職員，すなわち司書が組織の隅々にまで目を配ることが可能であり，内部統制は専門職である司書の職業的な使命感や自律心に依存することができた。

しかし，現在の日本の図書館界では図書館職の専門職化への道は険しく，専門的業務の外部委託化はもとより，図書館経営そのものが指定管理者等へ移行される動きも現われている。そして同時に，図書館の設置母体である地方公共団体や大学等の組織運営の効率化の要請が地方財政の逼迫とともに強まり，それらの地方公共団体や大学組織の一部門として図書館が認識され，図書館も監査の対象となっている。それゆえ，今後図書館のガバナンスについての関心が強まるにつれ，図書館での内部統制の強化も求められることになるだろう。

(3) 予算執行における内部統制の実際

では，内部統制とは具体的にどういうものなのか。それは，組織形態の整備，業務マニュアルの整備，部内研修システムの整備，諸法令の遵守，予算執行の

1：企業会計審議会内部統制部会の公開草案で四つの目的が定義され，2007(平成19)年1月31日に了承された。

不正防止，モニタリング等，トップ・マネジメントである館長と，事務分掌を遂行するスタッフの間に介在する仕組みである。

　地方公共団体においては，リスクマネジメント委員会，環境推進委員会，事務改善委員会等，さまざまな名称で役所・役場全体で取り組んでいる。しかし，図書館は，開館時間と職員の勤務時間が一致せず，また，館長以下，全職員が出勤する日がきわめてまれな変則勤務の職場である。さらに，人口規模によっては複数の分館を持つなど，館長の組織統治能力はきわめて重要であると言える。

　また，図書館サービスの主要な部分を民間に業務委託している場合など，個々の職員が直接的な指揮下にないため，渉外能力も館長の重要な資質となる。

　予算が適切かつ計画的に執行されているかは，首長から独立した行政委員会である監査委員が法律に基づき，定期監査，例月出納検査，決算審査，基金運用状況審査，健全化判断比率等審査を定期的に行う監査を行っている。また，必要に応じ，観光協会や商工会等，地方公共団体が財政的に援助している団体及び出資団体等の出納及び事務の執行等の監査も行う。監査委員は教育委員同様，首長が議会の同意を得て選任するものである。

　しかし，監査を受ける立場にあるのは首長であり，その首長が委員を選任することで本当に独立性が保てるのかという課題はこれまでも指摘されていることである。また，監査委員は名誉職とも言われ，議員の中から選任された委員の委嘱期間が短いという課題もある。また，会計処理をめぐる自治体職員の不祥事が頻発したことから，1997(平成9)年の地方自治法の改正により，監査委員が行う内部監査とは別に，都道府県，政令指定都市，中核市に対して，公認会計士など外部の監査人や弁護士と契約し，予算執行について監査を受ける包括外部監査制度が義務づけられた。

　なお，外部監査には，包括外部監査のほかに，選挙権を有する者の50分の1以上の署名で請求する事務監査請求（地方自治法第75条第1項の請求（地方自治法第252条の39））や住民監査請求（地方自治法第242条第1項の請求（地方自治法第252条の43）等の個別外部監査がある。

　また，夕張市など，一部の自治体の著しい財政悪化が耳目を集めたように，地方公共団体の財政状況を明らかにし，財政の健全化や再生が必要な場合に迅

速な対応を取るための「地方公共団体の財政の健全化に関する法律」(「健全化法」)が2009(平成21)年4月に全面施行された。これにより，毎年度，実質赤字比率，連結実質赤字比率，実質公債費比率，将来負担比率を監査委員の審査に付した上で議会に報告し公表することとなった。

　このように，行政サービスでは，かつてのように，配分された予算を残すことなく使う執行率で見るのではなく，最小の経費で最大の効果が得られたかを正確に評価する監査システムが必要となっている。例えば，指定管理者制度を導入した施設には恒常的・定期的なモニタリングが行われ，さらに行政委員会の監査委員による内部監査が行われるという二重のチェックを行う自治体もある。このことを考えれば，直営の図書館では，館長による日常のモニタリングだけで，監査機能が十分とは言えない。図書館のように多くの専門的職員によってサービスが遂行される機関では，単に会計処理の正確性だけを監査するのではなく，図書館サービス全般に通暁した監査役による評価システムが求められる。

(4) 新しい公会計制度の論議

　地方公共団体の現行の財務会計システムは，単式簿記による記録システムで現金の収受を基本にしたものである。近年，地方公共団体においても，企業会計方式導入の必要性の議論が活発に行われており，すでに，独立行政法人，国立大学法人，地方独立行政法人の会計は原則として「企業会計原則」によるものとされている。

　東京都においては，全国に先駆けて，2006(平成18)年4月から，従来の官庁会計(単式簿記・現金主義会計)に複式簿記・発生主義会計の考え方を取り入れた新しい公会計制度を導入し，この新公会計制度を導入した東京都，大阪府，新潟県，町田市，愛知県などの参加による新公会計制度普及促進連絡会議が発足している。

　なお，先の東京都方式を導入した自治体以外では，総務省改定方式による複式簿記を導入し，簡易な財産管理はすでに行われている。

　要は，地方公共団体が将来にわたる行政サービスを継続するための財源を確保できているかどうかを可視化するためのものである。

2．予算の確保

（1）図書館予算の現状と課題

　地方公共団体の各部署の予算には，市民に対して，サービスの実現を保障（約束）する役割がある。予算が措置されなければ，その事業は，経費の妥当性，実施時期の適否，費用対効果の期待値などの点で，不要もしくは不急なサービスと理事者に判断されたものと言える。図書館であれば，図書館サービスが否定されたわけではないが，限られた財源の中で，優先順位（プライオリティ）の高いサービスとしては認められなかったということである。

　図書館職員は，しばしば，予算が切られた，首長は図書館に理解がないなど，所属する自治体の運営方針に対して批判的な発言をしがちである。しかし，前年度踏襲の予算編成を行い，新規のサービスも何ら開拓しないなど，創意工夫の見られない予算要求をしていることが背景にあることも否定できない。

　では，予算の確保には何が必要なのか。本章1節の「予算の配分と執行」で先述したように，図書館職員及び図書館サービス自体が抱えている課題が，理事者や財政担当課にとって，どう受け止められるかを考えてみる。

　①例えば，相互貸借については，受益者負担を求めている地方公共団体もあるため，図書館間でのサービスの差異を比較することによって，予算の減額が行われやすい。
　②役所・役場の各部署であれば，課長と庶務担当者は，当該課の業務に最も詳しいが，図書館の場合，予算の交渉にあたる館長や庶務担当者が，カウンター業務などの現場での仕事に習熟していないことが多いため，専門的な知識を要するサービスの趣旨が理事者に伝わりにくい。
　③議会や市民団体などからの予算要求に関する側面的な働きかけが少ないため，交渉に望む際の後ろ盾が弱い。

　以上の点が，図書館予算の確保に際しての課題と言える。しかし，このことは，館長はじめ職員の努力によって改善できることであり，逆に言えば，これまで図書館職員は，予算の獲得に戦略性を欠く傾向にあったと言える。

今後は，行政支援サービスを通じた図書館サービスの理解促進，マスコミへの不断の情報発信，積極的なロビー活動，新規事業開拓と国・県補助金の活用，寄付金・サービス手数料などの資金調達の努力など，理事者及び市民に図書館の存在と価値を訴えていく戦略が必要である。

（2）図書館の歳入

　図書館の歳出予算に比べ，歳入はきわめて少ない。一般的には，コピー代，資料販売代などで，雑入として扱われるため，図書館が自由に使える収入とはならない。受益者負担としては，相互貸借の郵便料金（実費）負担，講座参加費（消耗品などに充当）などがある。これらは，予算には計上せず，必要経費などとして充当される。

　また，寄付金は，年度当初には計上できないため，事実が発生した段階で，補正予算として歳入・歳出を計上する。

　これ以外に大きなものとしては，単年度もしくは複数年度の新規事業に対する交付金や補助金がある（詳しくは後述）。

　このほか，図書館グッズの製造・販売による収益もある。アメリカでは多くの図書館で行われているが，図書館運営の財政的システムの違いもあり，わが国において行われている例は僅少と思われる。

　このように，歳入として計上するものと，受益者負担金のように，直接，歳入予算には反映しないが，その分，行政負担を軽減するものがある。どちらも，当該自治体の財政への貢献となるものであり，交付金や補助金は，その使途が，時には主要事業として取り上げられることにもなり，図書館の存在をアピールするものとなる。

　また，相当な見識・人脈・経験などを持つ人材の協力を仰ぐことによって，本来要すると思われる予算をかけずに低廉な費用で事業を遂行することができる。これも図書館の予算編成における戦略性の一つである。

（3）図書館の広告事業

　地方自治体のWebサイトにバナー広告を採用している例は珍しいものではなくなった。これは，多くの場合，部局を超えた職員の提案事業という点で評

価できるものである。

　そこで，図書館において取り組まれている（取り組むことができる）広告事業を列記してみる。

- 貸出レシートへの広告掲載や地元商店街のクーポン印刷
- 紙芝居貸出用手提げ袋への広告掲載
- 「図書館だより」のような印刷媒体への広告掲載
- 雑誌スポンサー制度
- 足拭き用マットの広告
- 移動図書館車の車体広告
- 蔵書検索画面からオンライン書店にリンクを張るアフィリエイト広告

　このように，いろいろな取り組みが可能であるが，地方公共団体によっては，市全体のイメージ戦略として実施している場合が多く，図書館単独では難しい場合もある。今後は，地方公共団体が公共施設の命名権を民間企業に売るネーミングライツのようなケースも増えてくるものと思われる。

3．各種の図書館補助金と助成事業

　地方公共団体の財源には，地方税，分担金，使用料，手数料などの自主財源と，国の一般会計を経由してくる国庫支出金（補助金・負担金・委託金など）や地方譲与税，地方交付税などの依存財源がある。地方税は，道府県税と市町村税にわかれ，例えば，自動車取得税，ゴルフ場利用税などは道府県税であり，軽自動車税，都市計画税などは市町村税となる。

　自主財源が豊かな地方公共団体に対しては，商工業の経済活動が活発なまちという印象を持ちやすいが，予算に占める経常経費の割合が高いと，新規事業の展開が難しく，必ずしも行政サービスが充実しているとは限らない。東洋経済新報社が全国の市を対象に「住みよさランキング」を毎年公表しているが，必ずしも自主財源の豊かな地方公共団体のみが上位に名を連ねてはいない。このことは，自主財源が豊かな市の公立図書館の活動が必ずしも活発であるとはいえないこととも符号している。

　図書館サービスでは，先述したように，独自の歳入予算が少ないことからも

積極的に補助金や交付金の活用が望まれる。それは，単に自主財源の不足を補うといった意味だけではなく，市民との協働による新たな事業の展開，図書館の新規事業の開拓など，図書館が積極的に活動を展開するという点を役所・役場内にアピールする手段としてもきわめて重要である。

交付金とは，国や公共団体が他の団体に交付する財政支援の資金であり，図書館関係で言えば，2010年に，地域活性化交付金3,500億円のうち1,000億円が「住民生活に光をそそぐ交付金」として，全国の多くの図書館（公共・学校）で活用されたのは記憶に新しいところである。交付金は，国の積極的な施策でもあり，都道府県や日本図書館協会などの関係機関が，その周知・活用をPRするとともに，当該自治体の財政部局も，財源として積極的に取り入れるよう図書館に働きかけることから，図書館が発する予算獲得の積極策とは必ずしも映りにくい。

一方，補助金・助成金（以下，補助金と言う）は，一定の行政目的を達成するために，国や地方公共団体が公共団体・市民団体などに交付する財政支援であり，交付申請にあたっての細かな条件をクリアすることが必要なことから，首長，議会，財政部局に対して，図書館をアピールする絶好の機会ともなる。また，図書館が仲介役となって，図書館や地域で読み聞かせ等を行っているボランティア団体の活動を顕彰・支援するために，補助金を申請することも重要なことである。

では，具体的にどのような補助金があるのか，その一部を4-1表に示す。

これらは，図書館でもよく知られた補助金事業で，図書館が事業主体となるもの，図書館が市民等に働きかけて事業主体をつくり事業展開するもの，図書館が既存の市民団体等の活動を支援するものなど，さまざまである。

このほかにも，長年行われている24時間テレビ「愛は地球を救う」に寄せられた募金を基に，図書館において視聴覚機器を整備したり，長野県が行っている「地域発　元気づくり支援金」など，都道府県において整備された助成制度を活用したりと，図書館において活用できる補助金はたくさんある。助成要項を一瞥しただけでは，図書館事業は該当しないものと思われるものも少なくないが，視点を変え，補助金を活用することで，新たな図書館事業の可能性を探ることもできる。特に図書館を含めた複合施設であれば，施設の特性を活かし

4-1表　主な補助金

名　称	主　催	内　容
子ども文庫助成	公益財団法人伊藤忠記念財団	子どもの本購入費助成 子どもの本100冊助成 病院施設子ども読書支援　購入費助成
子どもゆめ基金	独立行政法人国立青少年教育振興機構	子どもを対象とする体験活動や読書活動費助成（自然体験活動，科学体験活動，交流を目的とする活動など）
コミュニティ助成事業	財団法人自治総合センター	青少年健全育成事業助成

た他部署・他機関とのコラボレーションも可能である。

　補助金申請にあたっては，次の点に注意する必要がある。補助金は，団体育成の補助に類するものを除き，基本的に期間が単年度もしくは複数年度に限られているため，補助金を活用したイベントであれば，打ち上げ花火のようなものになる可能性がある。市民と協働で取り組んだものは，せっかく，市民との信頼関係が構築できて，モチベーションも上がってきたときに，ピリオドを打つことになる。このことが逆に新たな行政不信を生むことになりかねない危険性もはらんでいる。また，組織内の十分なコンセンサスを得ず，資金が得られるからというだけで，事業の執行のみを目的にしてしまうと，職員間の人間関係に亀裂を生じかねない。担当者が変更にならない単年度で終わる場合はよいが，複数年にまたがる補助の場合，担当者が変わった途端に事業に勢いがなくなる事例も散見される。このように，補助金とはいえ，住民税と同じ税金で成り立っているものであり，拙速な申請は正しい税金の使い方とは言えないし，混乱を招くだけである。

　以下，申請にあたっての注意事項は次のとおりである。

　①補助金を活用した事業は，総合計画に合致した，図書館として取り組む価値があるものであるか。

　②補助期間終了以降，当該事業の継続の適否を事前に十分に検討したか。

　③補助金がもらえるから，という財政担当部局からの情報に対して，該当事

業を拙速に企画していないか。
④担当者だけの熱意で企画・申請していないか。
⑤事業実施にあたって人を雇用する場合は，事業終了後の雇用面でのケアについて十分に検討しているか。

以上のように，補助金の申請には十分な事前の検討が必要である。しかし，煩雑な申請事務を忌避して，前年度踏襲型の予算に甘んじていてはいけない。「もう一つの自主財源」という思いで，有効かつ適切に活用することが望まれる。

また，補助事業とは性格が異なるが，国の支援を受けて図書館活動を展開するものとして国の委託事業がある。例として文科省の「地域の図書館サービス充実支援事業」がある（2013年度は「公民館等を中心とした社会教育活性化支援プログラム」がこれに該当）。宮城県図書館の「22世紀を牽引する叡智の杜づくりプロジェクト－宮城県図書館を核とした次世代育成の試み」，小山市立中央図書館の「農業支援サービス事業」，上田情報ライブラリーの「～あなたの仕事の経験を図書館に残し地域に活かす～　団塊世代の仕事録作成事業」など，多くの先駆的な取り組みが当該事業として行われてきている。

ただし，委託事業は，補助金と異なり，国の事務や事業等を他の機関等に委託して行わせる場合に給付されるもので，国の本来の業務に代わり受託機関が実施するものであることから，事業主体は国である。事業主体が給付を受けた補助事業者である「補助金」とは，この点に違いがある。委託が対価的性格を有するのに比べ，補助は助成的性格を有するものと言える。そのため，委託事業は，恒常的に給付されるものではなく，限られた期間で，かつ，試行的な事業となるのが一般的である。

財政事業が厳しい地方公共団体において，新規事業を首長や議会に認めてもらうのは非常に困難である。しかし，委託事業の趣旨が，当該地方公共団体において新規に取り組む事業の目的に合致しているならば，委託費という外部資金の活用は積極的に検討されるべきである。

ただし，試行的ではあれ，外部資金の調達に目を奪われた短兵急な取り組みであってはならない。当該地方公共団体の将来の課題を見据え，十分に検討を重ねた上で取り組まなければならない。

5章　図書館における計画とマーケティング

1．図書館の地域計画

(1) 地域計画とサービス計画

　図書館における計画には，大きく分けて「地域計画」と「サービス計画」がある。「地域計画」は，公立図書館であれば，図書館を設置する自治体が，どこに，どのような機能や規模の図書館を設置するかを計画するもので，「施設計画」とも呼ばれる。大学でも一つのキャンパスや複数のキャンパスの間で，教室棟や事務棟などの配置と併せて，図書館をどこに，どのような機能や規模で配置するかを検討することは「施設計画」と言える。

　学校図書館は，一つの学校内に複数の学校図書館が配置されることはほとんどないが，学校施設内のどのような位置に図書館を設置するかは，実はきわめて重要な問題であり，これを学校図書館における「施設計画」と呼ぶこともできるだろう。大学や学校を一つのコミュニティと考えれば，そのコミュニティのどこに，どのような図書館を配置するかは，公立図書館の場合と同様に，いずれも「施設計画」であって，広い意味での「地域計画」なのである。「地域計画」は，10～30年の長い時間軸で中・長期的に計画されるのが一般的である。

　これに対し「サービス計画」は，図書館が提供するサービスや事業を，通常は1年毎に計画することを指し，「事業計画」や「年次計画」とも呼ばれることがある。もちろん，地域の人口や年齢構成，就業構造，周辺施設の整備状況などの変化を視野に入れた，中・長期的な「サービス計画」が立案されることも少なくない。この節では，「地域計画」を中心に述べることとする。

(2) 地域計画の手順[1]

a．図書館の使命や目標の確認

　その地域において図書館がどのような使命を担い，どのような目標のもとに活動を展開していくのか，といった基本事項について関係者間で確認し，合意形成しておくことが必要である。これは，図書館の設置場所の選定や他の公共施設との連携の可能性などにも影響してくることがある。合意形成を図ることは，その後の施設の管理運営が長期にわたることからも重要な点である。

b．目標水準の設定

　どのような図書館サービスを実現しようとするのかという「目標」に対し，施設の配置や規模の算定は，言ってみれば「手段」の位置づけにある。そのため，図書館のサービス対象者全体に対する目標水準を，年間の来館者数や貸出冊数，登録者数などの指標を用いて設定することが必要である。特に近年は，閲覧・貸出という従来からの来館型サービスの他に，通信回線を利用した非来館型サービスの利用も増えているだけに，これらの多様な利用形態をどのように目標水準として設定するかによって，地域計画は変わってくる。公立図書館の場合の移動図書館車の配備や巡回方法にとっては，特に重要である。

c．地域特性の把握

　図書館の配置を定めるために，地理的・地形的な条件（山・海・河川，等）をはじめ，街の中心部と周辺部の人口分布や市街地と文教地区，住宅地，農耕地（市街化調整区域）等の区割りをもとに，地域の構造を把握しなければならない。中でも，地域住民の通勤・通学や買い物の動線など，日常の生活動線の方向と通行量は重要である。このため，役場（役所）・学校・病院・運動施設等の公共施設や商店街・大規模商業施設・駅等の集客施設の位置を確認しておく。大学のキャンパスであれば，教室棟や研究棟，あるいは食堂・売店・学生ホールなどの位置関係により，学生や教員らの動線を把握することを意味する。

d．サービス対象人口とその将来予測

　人口とその構成は，利用量を推定する上で基本的な根拠となる。そのため，

1：この項は，以下の文献をもとにしている。栗原嘉一郎・中村恭三．地域に対する公共図書館網計画．日本図書館協会，1999, p.15.

まずサービス対象者の現況を知るとともに，その将来についての見通しを明らかにすることが不可欠である。地域の将来像については，自治体や大学，学校等の図書館の設置母体による総合計画や将来構想，まちづくりビジョン等，関係部署が策定したものを参照することも必要である。

e．図書館施設の配置と規模の決定

これまでの段階で収集したデータと資料，情報をもとに，目標を最も効果的に達成できるような施設配置（自動車図書館を含む）と規模の計画を立てる。状況の変化にともなって，5〜10年ごとに見直すことも必要であろう。

なお，文部科学省告示（2012）の「図書館の設置及び運営上の望ましい基準」（以下，「望ましい基準」）では「第一　総則」の設置の基本において，公立図書館に関し，次のような地域計画の基本的な考え方が示されている。

> 二　設置の基本
> ①　市町村は，住民に対して適切な図書館サービスを行うことができるよう，住民の生活圏，図書館の利用圏等を十分に考慮し，市町村立図書館及び分館等の設置に努めるとともに，必要に応じ移動図書館の活用を行うものとする。併せて，市町村立図書館と公民館図書室等との連携を推進することにより，当該市町村の全域サービス網の整備に努めるものとする。
> ③　公立図書館の設置に当たっては，サービス対象地域の人口分布と人口構成，面積，地形，交通網等を勘案して，適切な位置及び必要な図書館施設の床面積，蔵書収蔵能力，職員数等を確保するよう努めるものとする。

（3）図書館の規模と利用圏域の関係

地域計画にとって，一つの図書館が地域のどのくらいの範囲からの利用者を集めるか，すなわち図書館の利用圏域がどのくらいの大きさになるのかは，きわめて重要な問題である。これについて，栗原嘉一郎らは，名古屋市（愛知県）と日野市（東京都）での来館者調査をもとに，5-1図のような小規模図書館の場合の利用圏域モデル図を描き出した[2]。

2：栗原嘉一郎，篠塚宏三，中村恭三．公共図書館の地域計画．日本図書館協会，1977，p.53-56．

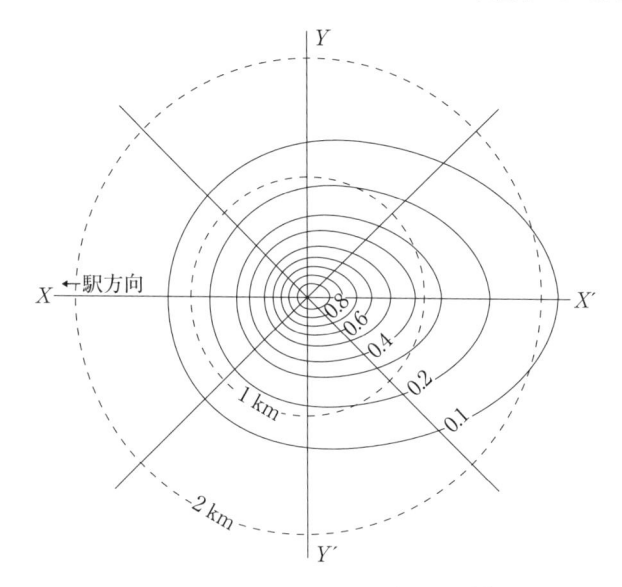

1．図書館の地域計画 | *147*

5-1図　標準的な利用圏域モデル図
(栗原嘉一郎・篠塚宏三・中村恭三『公共図書館の地域計画』日本図書館協会, 1977, p.56より)

　ある地域の全人口に対するその地域の図書館来館者の割合を来館者密度（＝図書館来館者／地域人口）と呼ぶとき，図書館のすぐ近くの地域に住む人の来館者密度と遠く離れた地域に住む人のそれとの比率を来館者密度比（当該地域の来館者密度／図書館近くの地域の来館者密度）と呼ぶことができる。5-1図は，図書館を中心として同じ密度比となる地域を曲線で結んだものであるが，来館者密度比は図書館からの距離が遠くなるにつれて減少していく傾向がとらえられる。ただし，その減少の傾向は同心円状ではなく，住民の通勤，通学，買い物などの生活動線を主軸にした卵型になるという。つまり，生活動線の途中に図書館があれば来館者密度は高くなるが，生活動線と反対側にある場合には，距離が近くてもなかなか図書館を利用しないことを示している。

　その後，中井孝幸は，三重・滋賀・岐阜の各県での来館者調査をもとに，利用圏域が図書館からの「距離」だけでなく，図書館の「規模」（蔵書冊数）によっても影響を受けていることを明らかにした[3]。すなわち，5-2図に示されるように，来館者密度比は一般的に距離が延びれば低下するが，これは図書館

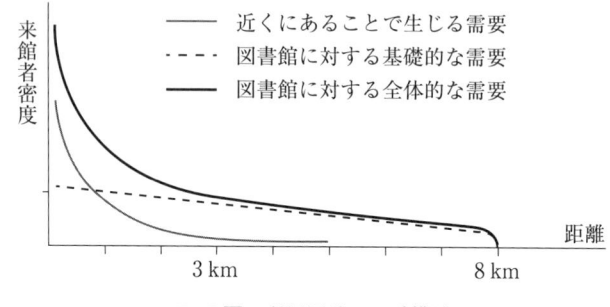

5-2図　利用圏域の二重構造
(中井孝幸「地方中小都市における図書館利用とモータリゼーション―利用圏域の二重構造に基づく図書館の地域計画」『現代の図書館』, vol.39, no.2, 2001, p.103より)

が近くにあるから行く気になる「館近傍の距離の影響を強く受ける来館者」がいるためである。しかし，その一方で自家用車の普及により遠方から来館する「距離の影響をあまり受けない図書館に対する基礎的な需要による来館者」も存在し，利用圏域は「二重構造」を形成している。そして，遠方であっても来館する人の選択理由に蔵書冊数が関わっているとして，"基本的に蔵書冊数が増えれば，館近傍の施設利用率はあまり変わらないが，利用距離が延びるため利用圏域は広がる関係にある"としている。

近年，都市部を除けば，公立図書館では駐車場を設けることが一般的であり，図書館への来館方法も自家用車によることが多い。しかも豊富な所蔵資料が整っていれば，遠方からも来館することになり，遠方から時間をかけて来館しているだけに，図書館の滞在時間も長くなりがちである。これが「滞在型図書館」に対する需要にもつながっていると考えられる。図書館の地域計画において，こうした視点からの計画立案も必要であるが，その一方でさまざまな理由で自家用車を利用できない人びともいることへの配慮を忘れてはならない。

2．図書館のサービス計画

　一般に図書館のサービス計画を立案する手順は，5-3図のようにまとめら

3：中井孝幸．"地方中小都市における図書館利用とモータリゼーション：利用圏域の二重構造に基づく図書館の地域計画"．現代の図書館, 2001, vol.39, no.2, p.102-110．

2．図書館のサービス計画 | 149

```
┌─────────────────────────────┐
│ コミュニティ及び図書館の環境の調査 │
└─────────────────────────────┘
              ↓
┌─────────────────────────────┐
│  現行の図書館サービス及び資源の評価 │
└─────────────────────────────┘
              ↓
┌─────────────────────────────┐
│       コミュニティにおける         │
│    図書館の使命・役割の明確化      │
└─────────────────────────────┘
              ↓
┌─────────────────────────────┐
│  目標・サービス指標・優先順位の設定  │
└─────────────────────────────┘
              ↓
┌─────────────────────────────┐
│    改善のための戦略の策定と評価    │
└─────────────────────────────┘
              ↓
┌─────────────────────────────┐
│       サービス計画の公表          │
└─────────────────────────────┘
```

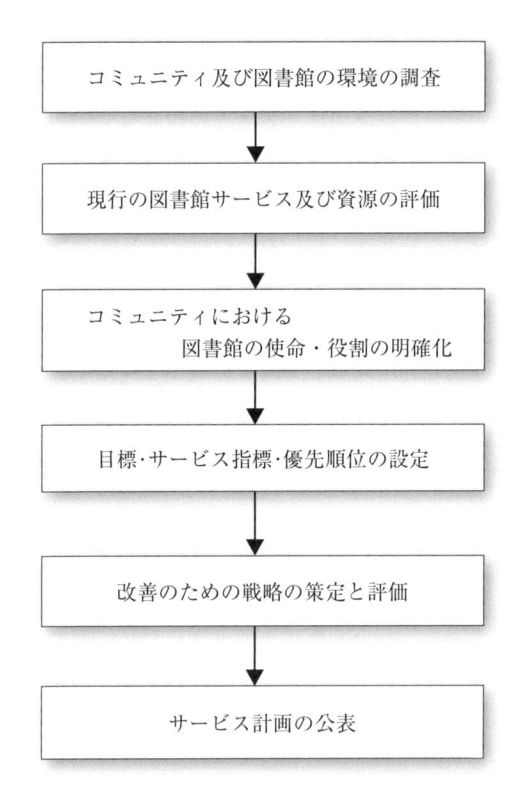

5-3図 サービス計画立案の手順

れる[4]。この図は，主に公共図書館を想定して描かれているが，そこでの"コミュニティ"は一つの大学・学校全体や大学の一キャンパス，卒業生を含めた大学・学校の構成員，といったものに置き換えて考えてよい。

(1) コミュニティ及び図書館の環境の調査

図書館と関連をもつ範囲で，コミュニティの環境と構成員（住民）の特性について調査する。これには，コミュニティで生じる情報ニーズ，こうしたニー

4：Vernon E. Palmour et.al. A Planning Process for Public Libraries. American Library Association, 1980.（邦訳：V.E. パーマーほか．田村俊作他訳．公共図書館のサービス計画 計画のたて方と調査の手引き．勁草書房，1985, 308p.）

ズを満たすために利用できるコミュニティ内の情報資源，そして図書館サービスの提供を促進（あるいは阻害）する環境要因や人口統計学的な特性（性別や年齢構成，職業構成，等）を明確にすることが含まれる。

　情報ニーズをもっているのは，コミュニティではなく個人である。情報ニーズは人によって変わるし，同一人でも時が経てば変化する。しかし，年齢・学歴・職業といったコミュニティの構成員の特性を知ることによって，図書館は，全体としてどのような種類の情報が必要とされているのかをある程度予測できる。コミュニティがどのような位置にあり，他の教育施設や文化施設がどの程度整備され，主要な産業は何かというようなコミュニティ自体の特性も，構成員の必要とする情報がどのようなものであるのか，という点に影響を及ぼす。なお，この段階は，本章1節で述べた「地域計画の手順」の初期段階で行ったものと重なる部分が大きい。

（2）現行の図書館サービス及び資源の評価

　次にコミュニティ内で生じる図書館ニーズが，現状においてどの程度満たされているのかを評価する。他の情報資源がどの程度ニーズを満たしているのかを評価することは，基本的に主観的な部分が大きい。しかしながら，現行の図書館の資源やサービスの評価，あるいは，それがコミュニティの情報ニーズを満たしているかどうかの評価は，図書館統計や利用者調査等の各種調査によって得られる情報を分析することで，ある程度客観的になされる。少なくとも，その図書館のサービスや業務において，どこに問題点があるのかを探る手立てになることは間違いない。

（3）コミュニティにおける図書館の使命・役割の明確化

　すべての図書館は，コミュニティ内の文化・教育・情報・娯楽の面でのニーズを満たすという共通の使命をもっている。それを明確なものとして文章化し，関係者の間で共有しておく。その際，どのような構成員（年齢，職業，居住地域，生活上の課題，等）に対して，どのようなサービスを提供し，そのサービスの利用者にどのような便益をもたらそうとするのか，を意識して明確化することが必要である。

ちなみに「望ましい基準」では,「管理運営」の最初に(一)基本的運営方針及び事業計画の項目があり,次のような規定が見られる。

> ① 市町村立図書館は,その設置の目的を踏まえ,社会の変化や地域の実情に応じ,当該図書館の事業の実施等に関する基本的な運営の方針を策定し,公表するよう努めるものとする。

この場合の"基本的な運営の方針"が「使命」や「役割」に当たると考えてよいが,サービス計画を立案する際には,これをもう少し細分化して,特定の構成員(例えば,児童,高齢者,障害者,勤労者,等)や特定の課題解決(子育て支援,地域の安心・安全,大学図書館の場合の就職支援,等)に対する図書館の使命・役割とするべきである。これについては,本章5⑵で詳しく述べる。

(4) 目標・サービス指標・優先順位の設定

ここでの「目標」は,使命や役割に基づいて求められる当面の成果をやや一般的な表現で記述したものであり,「サービス指標」は,この目標について個々に到達すべき水準を定めたものである。それぞれの目標は,複数のサービス指標を含んでいて構わないが,できるかぎり具体的で測定可能なものとなっている必要がある。なお,図書館のもつ予算やコミュニティのニーズ,そしてそのサービスに期待できる公共性・公益性,などの諸条件により,複数の目標やサービス指標の間に優先順位が設けられる。もちろん条件によっては,「現状維持」を目標としたり,現行のサービスの縮小や廃止を選択したりすることもあり得る。

「望ましい基準」では,先の(一)基本的運営方針及び事業計画の項目に続けて,次のように規定されている。

> ② 市町村立図書館は,基本的運営方針を踏まえ,図書館サービスその他図書館の運営に関する適切な指標を選定し,これらに係る目標を設定するとともに,事業年度ごとに,当該事業年度の事業計画を策定し,公表するよう努めるものとする。

③ 市町村立図書館は，基本的運営方針並びに前項の指標，目標及び事業計画の策定に当たっては，利用者及び住民の要望並びに社会の要請に十分留意するものとする。

この「望ましい基準」の規定では，「事業計画」にサービス計画だけでなく，運営計画も含めて考えられており，そのため「指標」にもサービス指標だけでなく，運営指標も含まれると理解してよい。

（5）改善のための戦略の策定と評価

設定された目標とサービス指標を達成するには，通常，サービスの種類や方法，水準などの変更を検討する必要がある。目標と指標類は求められる当面の成果であり，戦略はそこに到達するためにとるべき行動を意味する。これはサービス計画立案の最も創造的な部分と言える。

なぜなら，この段階で図書館は，従来のサービスや業務を再検討し，当面の成果をより効率的に達成できるような戦略を考案することが求められるからである。それぞれの戦略は，各指標類を達成するうえでの効果，その戦略に要する費用，それぞれの指標間の優先順位などの面から，比較考量されることになる。この場合の戦略には，広報活動の充実，書架配置や館内レイアウトの変更，選書基準の見直し，関係諸機関との連携等，図書館が目標達成のためにとり得るあらゆる方策が含まれる。

（6）サービス計画の公表

これまでの段階を経て，図書館のサービス面を中心に年次計画を立てたものが「サービス計画」と呼ばれることが多い。さらにサービス面に限らず，管理運営面を含め，事業（業務）の個別の領域について立てられる計画は「事業（業務）計画」と呼ばれる。ただし，現実には前例や過去の実績をもとに策定される計画も多く，戦略的に事業を計画する図書館は少ない。これは，公共経営の良くない一面とも言えるが，いずれにしても本来は，サービスや業務の改善のために毎年立案され，図書館の活動報告や事業報告などとともに，公表されるべきである。

そして，翌年以降もこれと同様のプロセスを経て，サービスや業務の改善・向上を図ることが肝要である。「望ましい基準」は，この点についても先の（一）基本的運営方針及び事業計画に続く（二）運営の状況に関する点検及び評価等の項目で，次のように規定している。

　①　市町村立図書館は，基本的運営方針に基づいた運営がなされることを確保し，その事業の水準の向上を図るため，各年度の図書館サービスその他図書館の運営の状況について（一）の②の目標及び事業計画の達成状況等に関し自ら点検及び評価を行うよう努めなければならない。

　なお，公立図書館に関し，こうした図書館による運営の状況に関する評価及び改善，そして情報の提供は，図書館法第7条の3ならびに第7条の4の規定に依拠している。それは，2008（平成20）年の法改正によって新たに加えられた次のような条文である。

　（運営の状況に関する評価等）
　第7条の3　図書館は，当該図書館の運営の状況について評価を行うとともに，その結果に基づき図書館の運営の改善を図るため必要な措置を講ずるよう努めなければならない。
　（運営の状況に関する情報の提供）
　第7条の4　図書館は，当該図書館の図書館奉仕に関する地域住民その他の関係者の理解を深めるとともに，これらの者との連携及び協力の推進に資するため，当該図書館の運営の状況に関する情報を積極的に提供するよう努めなければならない。

　また，サービス計画の具体的な内容については，次節で詳しく述べる。

3．経営サイクル（PDCA）

（1）経営サイクル（PDCA）とは

　企業などにおける経営活動や事業活動における基本的な手法として定着している理論が，「経営サイクル」である。この理論では，仕事を行う工程を①計画（Plan），②実行（Do），③点検・評価（Check），④改善（Act）の四つの段階に分けている（5-4図を参照）。

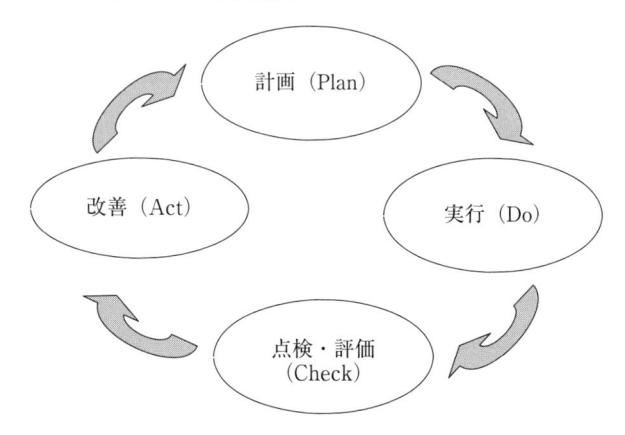

5-4図　経営サイクル（PDCA）のイメージ

　この4段階の工程を順次行い，「改善」に基づいて新たな「計画」の策定段階に戻ることにより業務の継続的な改善を図るという考え方であり，各段階の頭文字をとって「PDCA（サイクル）」と呼ばれる。

　元来は，企業などにおいて生産管理や品質管理の効率化・円滑化のために提唱・導入された考え方であるが，現在では企業活動だけでなく，地方公共団体や大学など非営利組織の経営や事業活動に関しても広く導入が進んでいる。

（2）「経営サイクル」と図書館活動

a．図書館経営と「経営サイクル」

　図書館の経営においても，この「経営サイクル」の考え方を取り入れて実践

することが求められるようになっている。これは，公立図書館については，地方公共団体の経営に際して「公共経営」「行政経営」の考え方が浸透していること，また大学図書館についても大学経営の考え方にこの経営サイクルが取り入れられていることによるものである。

　図書館経営における経営サイクルの各段階の考え方を示すと，次のようになる。

　①計画（Plan）……図書館の経営方針，サービス計画，整備計画，年次計画，目標の設定等。

　②実行（Do）……業務の遂行（事業・サービスの実践）。

　③点検・評価（Check）……成果・効果の検証，達成状況の確認・評価。

　④改善（Act）……評価結果に基づく計画・業務等の見直し。

　これらをある市立図書館を例に図式化したものが，5-5図である。

計画	「A市立図書館基本目標」：市民の学習活動・課題解決の支援 「平成○年度A市立図書館の目標」 ・市民の調査研究支援のためにレファレンスの推進に努める ・未利用市民への登録・利用の働きかけに努める
実行	・レファレンスサービスの実施・充実 ・レファレンス資料の収集・活用 ・ビジネス資料コーナーの充実 ・市役所窓口など図書館以外の場所でのPR
点検・評価	・レファレンス受付件数：前年比6％増 ・電子メールでのレファレンス受付件数：前年比22％増 ・新規登録者数：1.5％増 ・「身近な場所でのサービスの充実」を求める意見が多い
改善	目標の見直し→「平成□年度A市立図書館の目標」 　・分館へのオンラインデータベースの導入 　・市中心部（ビジネス街）における取次サービスの開始 新たな計画の策定→「蔵書再構成計画」 　・市民の課題解決に必要な情報資源の計画的収集

5-5図　市立図書館における「経営サイクル」の事例

b．図書館サービスにおける経営サイクル

このような経営サイクルという考え方は，「経営」という大局的な場面だけで考えるものではない。元来，企業等における生産管理など具体的な事業・業務レベルでの改善や見直しのために取り入れられている考え方であり，図書館の活動においても，具体的な事業やサービスの実施に際して，導入していくことが必要と考えられる。

公立図書館の活動に関して，経営全般及び具体的な業務・サービスに経営サイクルの考え方を取り入れた事例を模式的に表すと，5-6図のようになる。

「A市立図書館の経営」における「経営サイクル」

計画（Plan）	実行（Do）	点検・評価（Check）	改善（Act）
図書館経営計画（経営管理業務）	サービスの実施（閲覧・奉仕業務，資料整理業務，管理業務）	点検・評価（経営管理業務）	経営計画の見直し，次期計画の策定（経営管理業務）

サービスの実施についての「経営サイクル」

計画（Plan）	実行（Do）	点検・評価（Check）	改善（Act）
サービス実施計画	サービスの実施	点検・評価	計画の見直し，次期計画の策定
（例1）児童サービス実施計画（閲覧・奉仕業務）	・児童書の貸出 ・児童向け行事の実施 ・学校図書館との連携　など	・実績の分析 ・利用者からの意見聴取 ・課題・問題点等の抽出	・課題・問題点等への対応策 ・次年度計画の策定
（例2）資料収集計画（資料整理業務）	・選定，発注，受入 ・整理 ・保存，除籍など	・利用状況の分析 ・利用者からの意見聴取 ・課題・問題点等の抽出	・課題・問題点等への対応策 ・次年度計画の策定 ・予算要求

5-6図　「経営サイクル」の考え方による図書館活動の事例

具体的な事業やサービスについてもこの「経営サイクル」の考え方に基づいて実践するということは，事業やサービスを行うにあたっては，実際に実施することだけではなく，計画から実行，点検・評価及び改善までをその事業やサービスに関わる「業務」として考える必要がある，ということである。つまり，「計画」や「点検・評価」「改善」は，それ自体が独立した業務ではなく，各事業やサービスの一段階であり，当該事業やサービスを担当する職員が何らかの形で関わりを持つ必要がある。サービスに直接関わる図書館職員のなかには，「計画策定」や「点検・評価」などは管理部門の仕事，という考えが見受けられるが，経営サイクルという考え方に基づき，自らの業務として取り組む必要がある。

4．図書館の短期計画と中・長期計画

（1）図書館基本政策の立案と基本的運営方針

　図書館経営及びサービスの計画を策定するためには，まず，図書館の基本的な政策の立案と，基本的運営方針の策定が必要となる。「基本的運営方針」については，本章2節で紹介した「図書館の設置及び運営上の望ましい基準」（2012年，文部科学省告示）においても，策定と公表に努めるよう規定されている。

　基本的な政策の立案及び基本的運営方針の策定にあたっては，公立図書館においては地方公共団体，大学図書館においては大学（法人）の総合計画・基本計画などの基本的な政策を踏まえたものとする必要がある。公立図書館についてはさらに，教育機関及び公の施設として，各地方公共団体における教育や公共施設に関する基本的な計画や政策との整合性についても考慮する必要がある。

　地方公共団体の総合計画に基づいて策定されている公立図書館の基本的運営方針の事例として，相模原市教育委員会が策定した「相模原市図書館基本計画」がある（5-7図参照）。この計画は2010(平成22)年に公表されており，その位置づけとして「『新・相模原市総合計画』の教育における部門別計画である『相模原市教育振興計画』の施策分野別計画」と明記されている。

```
┌─新・相模原市総合計画──────────┐
│ ┌─相模原市教育振興計画────────┐│
│ │◆新・相模原市総合計画の部門別計画 ││
│ │ ┌─相模原市図書館基本計画─────┐││
│ │ │◆相模原市教育振興計画の施策分野別計画│││
└─┴─┴─────────────────┴┴┘
```

新・相模原市総合計画 基本目標Ⅱ　学びあい　人と地域をはぐくむ教育・文化都市 政策の基本方向8　生涯を通じ学習する人・スポーツする人を支援する社会をつくります 取り組みの方向　1　生涯学習機会の充実 　公民館，図書館や博物館などの関連施設の連携を進めるとともに，機能などの充実を図り，多様化する市民の学習ニーズに対応します。 　また，大学や研究機関などとも連携し，特色や専門性を生かした学習機会の拡充を図ります。
相模原市教育振興計画 基本理念：人が財産（たから） 基本方針⑥　多様化する学習ニーズに対応した生涯学習・社会教育の機会や施設を充実します。 主な施策 ③施設の特色を生かした学習機会づくり 　（主な事業）◇図書館サービスの充実 ④生涯学習・社会教育関連施設の計画的な整備 　（主な事業）◇図書館整備・機能充実の検討 ⑦生涯学習・社会教育関連施設等のネットワーク化の推進 　（主な事業）◇図書館ネットワークの推進
相模原市図書館基本計画 基本理念：「知の拠点」として市民や地域に役立つ図書館 基本目標 1　市民一人ひとりの生涯にわたる自主的な学習を支える図書館 　〈主な施策〉市立図書館の中央図書館としての再整備　など 2　暮らしや仕事，地域の課題解決に役立つ図書館 　〈主な施策〉市内・近隣大学との連携による共同事業の実施　など 3　学校・家庭・地域を結び，地域教育力の向上を支える図書館 4　郷土の歴史と特性を大切にし，豊かな市民文化を創造する図書館 5　人と本，人と人との出会いを広げ，ゆとりとぬくもりが感じられる図書館

5-7図　相模原市図書館基本計画の位置づけ
（相模原市教育委員会教育局生涯学習部図書館編集「相模原市図書館基本計画」相模原市教育委員会，2010より）

また，相模原市における市全体の総合計画と教育振興計画，図書館基本計画の内容を見ると，総合計画で策定された内容を受けて教育振興計画及び図書館基本計画が作成されているという，それぞれの計画の関係性を確認することができる。

　このように，図書館の基本的な政策の立案や基本的運営方針の策定にあたっては，図書館の設置母体である地方公共団体や大学等の基本政策・施策・方針を十分理解し，その政策課題の解決に貢献する図書館の取組について企画・調整することが必要となる。

(2) 基本的運営方針に基づく計画策定

a．短期計画と中・長期計画

　基本的運営方針を受け，その実現や目標達成に必要な具体的事業の計画を策定する。通常，計画はまず中・長期計画が策定され，この中・長期計画を受けて多くの場合には短期計画が立案される。

　中・長期計画は，おおむね5年から10年程度の期間の計画として策定される。地方公共団体等図書館の設置母体が策定する総合計画・基本計画の計画期間に合わせて策定されることも多い。中・長期計画の策定にあたっては，図書館を取り巻く社会環境の変動を予測した上で，経営・サービス両面における取組の方向性を整理し，図書館の役割を踏まえた具体的な行動計画とすることが求められる。中・長期計画については，計画した内容について年度ごとに進捗状況及び取組の成果を検証する形で進行管理を行うとともに，計画期間終了時に計画全体の検証を行う必要がある。

　これに対して短期計画は，通常単年度（会計年度）の事業計画として策定されるものである。中・長期計画で策定された内容に対応した1年間の具体的な事業・業務の計画として策定される。図書館で行われる各種のサービス及び業務については，基本的にこの「年次計画」に基づいて実施されることとなる。

　短・中・長期計画とも，計画の策定にあたっては，取組内容や事業ごとに適切な目標の設定が不可欠である。事業の実施状況や計画の進捗状況の点検・評価については，この目標の達成状況の検証という形で行われる。「目標」として住民や関係者への説明に適しているのは「数値目標」であり，短期計画（年

次計画)であれば年度末の達成目標,中・長期計画であれば計画期間終了時の達成目標(必要に応じて中間期の達成目標)を具体的数値で示すことが望ましい。

b．事業(業務)ごとの計画

基本的運営方針を受けて策定される計画として,図書館の管理運営全般に関わる計画のほかに,事業(業務)ごとの計画がある。「資料収集計画」「児童サービス計画」「職員研修計画」などがこれに該当する。これらの計画についても,図書館の基本的運営方針及びこれに基づく短期計画・中期計画・長期計画と連動している必要がある。

事業ごとの計画については,図書館の事業の中から,基本的運営方針や総合的な計画において重点課題や重要視するサービスを選び出した上で策定されることが多い。言い換えると,事業ごとの計画が策定されている事業は,図書館において重点的に取り組む事業として位置づけられているものと考えられる。基本的運営方針や管理運営全般に関わる計画が事業全体を網羅したものであるのに対して,事業ごとの計画は,図書館の重点課題を明確化したものと考えることができる。

管理運営全般に関わる計画については,「経営管理業務」として図書館の管理運営部門(または教育委員会事務局等において図書館の管理を所管する部署)が策定することが多い。しかし,事業ごとの計画については,その事業の役割や課題,方向性などを十分に理解した上で対外的な説明を行う必要があるという点から,図書館内で当該事業を所管する部署が主体となって策定することが望ましい。したがって,図書館で直接利用者サービスや情報資源管理に携わる職員についても,基本的運営方針や総合的な計画を十分に理解したうえで,事業の位置づけや方向性を考え,明らかにすることを自らの「仕事」と意識することが必要である。

(3)計画の関係性

基本的運営方針と図書館の管理運営全般に関わる計画,及び事業ごとの計画の関係について,具体的な事例を紹介して解説する。

横浜市立図書館では,「横浜市立図書館アクションプラン」を策定・公表し

```
                ┌─────────────────┐  ┌─────────────────┐
                │横浜市中期4か年計画│  │横浜市教育振興基本計画│
                └────────┬────────┘  └────────┬────────┘
                         │                     │
                         ▼                     ▼
   中長期計画   ┌──────────────────────┐  ┌──────────────────┐
              │横浜市立図書館アクションプラン│─▶│蔵書再構成5か年計画│
              └──────────┬───────────┘  ├──────────────────┤
                         │               │児童サービス5か年計画│
                         │               ├──────────────────┤
                         │               │司書人材育成計画    │
                         ▼               └──────────────────┘
   短期計画   ┌──────────────────────┐     事業（業務）ごとの計画
            │平成〇年度横浜市立図書館の目標│
            └──────────────────────┘
```

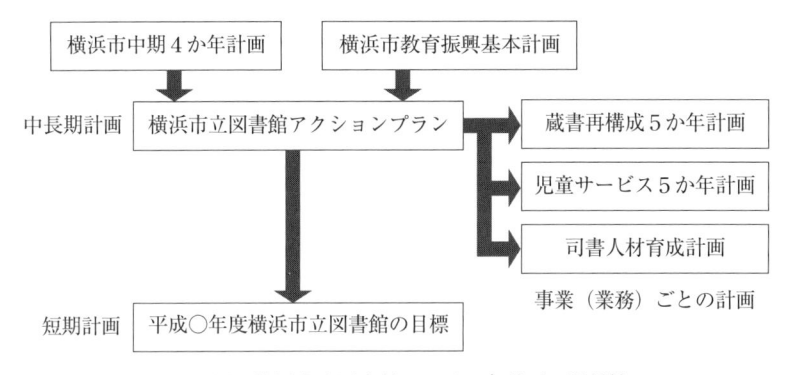

5-8図　横浜市立図書館における各計画の関係性

ている。この「アクションプラン」は，市の総合的な計画である「横浜市中期4か年計画」及び教育分野の総合計画である「横浜市教育振興基本計画」に基づき策定されたもので，2010(平成22)年度から2014(平成26)年度の5か年を対象とした中・長期計画となっている。

横浜市立図書館は，この「アクションプラン」に基づく短期計画（年次計画）として，毎年「横浜市立図書館の目標」を策定・公表し，年度終了後に「振り返り」として目標達成状況についての評価を行っている。

さらに，「アクションプラン」において重点取組事項とされた「蔵書再構成」「子ども読書活動」「司書人材育成」については，それぞれ「蔵書再構成5か年計画」「児童サービス5か年計画」「司書人材育成計画」を策定・公表し，市立図書館としての重点課題を明確化している（5-8図）。

5．図書館経営におけるマーケティング

ここまで本章で説明してきたことは，基本的には図書館経営におけるマーケティングにあたる。マーケティングとは，もともと営利組織を対象として考えられてきたものだが，コトラーとレヴィ（Kotler & Levy）が1969年に病院，学校，共同組合などの非営利組織にも適用できるものとして，その導入を図って以来，非営利組織としての図書館経営にマーケティングを適用する論考もいくつか見られるようになっている。

なかでも世界的なマーケティング研究の第一人者コトラーが，ソーシャル・マーケティングのこれまた第一人者であるリー（Lee）とともに2007年に著した *Marketing in the Public Sector*[5]（公共部門におけるマーケティング）では，第2章「マーケティングの考え方を理解する」において，マーケティングの代表的な五つの基本原理について公共図書館を例にとって説明している。そこで，これに依拠しながら，ここでは必要に応じて内容を補なうことにする。

(1) 第1の原理「顧客中心主義に徹する」

コトラーらは，顧客中心主義の考え方を理解するには，顧客が常に「私に何の得があるのか」と問い続けている，と想像すればよいという。そして顧客の購買プロセス（図書館の場合には，利用プロセス）は，「ニーズ認識」「情報探索」「代替品評価」「購買決定」「購買後行動」の五つの段階から成るとし，5-9図のような図書館利用者の利用行動の例を挙げている。

なお，この図では顧客（利用者）は五つの段階すべてを通ることになっているが，複雑で重要な決定をするときは，通常よりも段階が多くなることがある。現実には，顧客はニーズの認識から直接購買に進むことがあるし，もちろん購買の決定に至らないこともありうる。

(2) 第2の原理「市場を細分化し，ターゲットを定める」

本書のⅡ部「経営論」1章で述べたように，図書館経営は「市場原理」ではなく，「公共原理」に基づいてなされなければならない。したがって，コトラーらのいう第2の原理を図書館に適用するには，「市場」ではなく「公共」を細分化し，ターゲットを定めることになる。

図書館はサービス対象者としての「公共」に，現に図書館を利用している顕在化した利用者を考えることもできるし，今後利用する可能性のある潜在的利

5：Philip Kotler and Nancy Lee. Marketing in the Public Sector - A Roadmap for Improved Performance. Pearson Education, Inc., 2007.（邦訳：フィリップ・コトラー，ナンシー・リー．スカイライトコンサルティング訳．社会が変わるマーケティング 民間企業の知恵を公共サービスに活かす．英治出版，2007年，423p．）以下の部分では，同書に大幅に依拠しながら，筆者の判断で必要に応じて図書館情報学の初学者向けに，内容を補ったり，わかりやすく表現を改めたりした箇所がある。

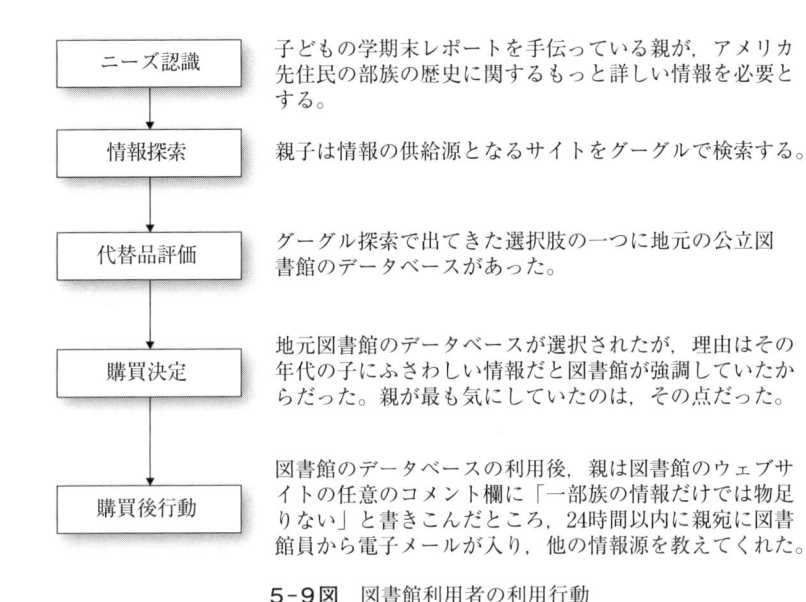

5．図書館経営におけるマーケティング | 163

ニーズ認識	子どもの学期末レポートを手伝っている親が，アメリカ先住民の部族の歴史に関するもっと詳しい情報を必要とする。
情報探索	親子は情報の供給源となるサイトをグーグルで検索する。
代替品評価	グーグル探索で出てきた選択肢の一つに地元の公立図書館のデータベースがあった。
購買決定	地元図書館のデータベースが選択されたが，理由はその年代の子にふさわしい情報だと図書館が強調していたからだった。親が最も気にしていたのは，その点だった。
購買後行動	図書館のデータベースの利用後，親は図書館のウェブサイトの任意のコメント欄に「一部族の情報だけでは物足りない」と書きこんだところ，24時間以内に親宛に図書館員から電子メールが入り，他の情報源を教えてくれた。

5-9図 図書館利用者の利用行動

用者を想定することもできる。こうした顕在的・潜在的な利用者の集合を「公共」と捉えると，「公共」をより小さな同質のセグメント（部分）に細分化することで，セグメントごとに固有のニーズ（例えば，子育て支援，まちづくり支援，資格取得支援，等）に適した資料提供や情報サービスをより効率的，効果的に見出すことができる。

　細分化に用いられる要因や属性には，客観的なものとして大きく次の三つが挙げられる。

　a．地理的特性（行政区域，居住地，勤務地，通学区，等）
　b．人口統計的特性（性別，年齢，家族構成，職業，教育，国籍，等）
　c．心理的特性（価値観，ライフスタイル，個人的性格，等）

　細分化ができると，次に各セグメントを評価し，戦略を選択することになる。コトラーらは，戦略の選択には以下のようなものがあるとしている。

　a．単一型（セグメントの相違をあえて無視し，単一のサービスをもって公共全体をねらう戦略）
　b．個別型（いくつかのセグメントをターゲットとすることに決め，個別の

特定サービスを設計し，個々のセグメントに対して独自に働きかける戦略）

c．集中型（一つまたは少数の小さな公共の中で大きなシェアを確保しようとする戦略）

（3）第3の原理「競争相手の特定」

競争相手を特定する手がかりとして，コトラーらは5-1表のように，図書館を含む例を示している。

5-1表 公共機関の事業に対する競争相手の例

機関名	プログラム	直接的な競争相手	間接的な競争相手
図書館	夏期読書プログラム	書店	ビデオゲーム
教育委員会	公立学校	私立学校	在宅教育
公益事業	自然を利用した庭の手入れ	除草剤入り肥料	放置・何もしない

これを手がかりに競争相手を特定した後，その相手についてできる限りの調査をしなければならない。自分のサービスやコスト，流通チャネルなどを絶えず競争相手と比べ，顧客が相手のサービスの強みと弱みをどのように見ているかを見きわめる必要がある。これは後に，マーケティング戦略開発の出発点になるということである。

（4）第4の原理「マーケティングの4Pを利用する」

マーケティングの4Pとは，製品（product），価格（price），流通チャネル（place），プロモーション（promotion）の四つである。

a．製品（product）

製品は有形のものであってもよいし，そうでなくてもよい。すなわち，「有形のもの」だけでなく，プログラム，サービス，体験会，イベント，人，場所，組織，情報，アイディアなども製品に含めて考えてよい。また，製品の企画を考える際に重要な要因は，「品質」「デザイン」「特徴」「選択肢」「サイズ」「名称」「包装（パッケージ）」である。

例えば，公立図書館では，所蔵する書籍，レファレンス資料，雑誌などの選書が重要である。しかし，製品としての図書館サービスを追求した結果，現在では多くの図書館で非常に多様なメディアやイベントを扱うようになっている。カセットテープや音楽CD・ビデオ・DVDの貸出，さらには大活字本の所蔵，データベースや電子書籍の利用，そして講演会やセミナー，上映会などの開催と幅広い。なかには，飲食できる軽食コーナーやおしゃべりできるヤングアダルト専用室を設ける図書館もある。

図書館の製品戦略の一環として，この他にレファレンス担当者の人数と配置，利用登録カードの見栄えや手触り，建物のレイアウト，照明，色彩，椅子の座り心地，絵画や彫刻といった美術品が織りなす雰囲気やムードなども，顧客に対するアピールとその満足度に影響を及ぼす要因となる。

b．価格（price）

価格とは，単に製品やサービスに対して支払われる対価だけではない。価格には，顧客が製品を受け取る過程であきらめた他の価値も含まれる。また，顧客が支払う本当の価格には金銭以外のコスト，つまり彼らが費やした時間，努力，心理的リスク，あるいは感じたかもしれない肉体的不快感なども含まれる。

図書館の場合，わが国では図書館資料の貸出料や延滞料を対価として徴収することはない。したがって，来館者数，貸出冊数，イベント参加者数，利用者満足度などサービス計画における目標値を達成するために，図書館は利用者が貸出に要する時間の短縮や来館の容易さ，駐車スペースを探す労力の削減，といった観点から戦略を考えることになる。ほかに，利用者が館内で求める資料を探し出す際の手間と労力を省くことも重要な価格戦略と考えられる。

c．流通チャネル（place）

流通戦略は，顧客がいつ，どこで，どのようにして，製品を手に入れるかに関わる決定である。人が便利だと感じるときの決め手には，物理的位置，営業時間と曜日，利用手段，配達の速さ，などが挙げられる。

図書館の場合，物理的な位置，駐車場，開館時間と曜日，閉館時の返却ポストの有無，インターネット予約サービスの有無，などが関わる。

d．プロモーション（promotion）

一般に，プロモーション戦略は，広告や対面販売，販売促進，広報，ダイレ

クトマーケティング（ダイレクトメール，電子メール，テレマーケティング等）を目的に合わせ，組み合わせて行われる。プロモーション担当者の業務は，対象とする顧客に製品の知識を植え付け，謳い文句にした便益を得たいと思わせ，行動する気にさせることである。

図書館の場合もこれらの要素で構成されるので，例として地域の小学生を対象にした夏休みの読書推進を考えてみよう。プロモーションの手段には，広告（掲示板），対面販売（学校司書が児童に行事のことを説明する），販売促進（父母の関心を集めるためにチラシを配布する），広報（新聞への記事と日程の掲載），ダイレクトマーケティング（対象とする地域へのダイレクトメール）が考えられる。

（5）第5の原理「活動をモニタリングし，修正を加える」

非営利組織であっても，マーケティング活動の結果を評価し，必要に応じた修正がなされているかを確認できる仕組みが必要である。5-10図は，コトラーらが，短期的・長期的なマーケティング活動の目標達成度を高めるための一般的な管理プロセスとして図示したものである。

これを見ればわかるように，この管理プロセスは，本章3節経営サイクルで述べた経営（PDCA）サイクルとほぼ同じである。また，図書館の地域計画やサービス計画においても，時間軸の長短の違いはあっても，考え方の基本は大きく変わっていない。コトラーらは，この原理について，図書館を例にとりな

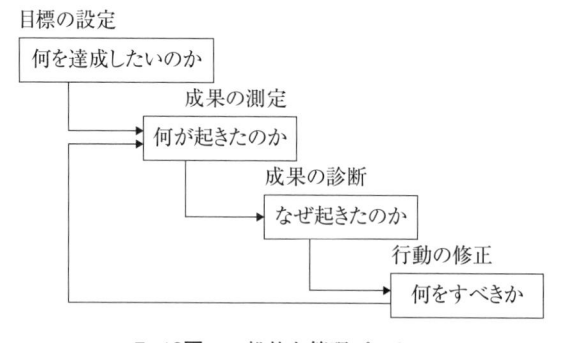

目標の設定
何を達成したいのか

成果の測定
何が起きたのか

成果の診断
なぜ起きたのか

行動の修正
何をすべきか

5-10図　一般的な管理プロセス

がら次のように説明している。

　貸出冊数のモニタリング（追跡）であるが，目標とする貸出冊数の水準に達していない場合には，本の利用を促進するために新聞記事やメールマガジンで新着図書の紹介を行い，貸出を促す必要がある。もう一つの方法として，本の分類ごとの貸出冊数を曜日と時間帯ごとに分析し，設定した目標を達成するために新たな活動を行う必要があるかどうかを判断することが挙げられる。さらに高度なレベルでは，貸出冊数だけでなく，どんな人が借りているのかを調べて，目標レベルに達するようにすることも考えられる。例えば，十代の利用者に絞って，利用度を高めるための戦略を検討する。他に，利用者の意見募集や満足度の測定，さらには収集資料（選書）の適切さの観点から修正を図ることもできるだろう。

　以上が，コトラーらによる図書館を例にとったマーケティング原理の説明である。ただし，図書館をはじめとする非営利組織にマーケティング理論を適用する場合，これまでにも繰り返し指摘したように，公共経営の視点に立って，公共性や公益性を尊重することを忘れてはならない。それが公共部門でサービスする組織にマーケティングを適用する際の前提であり，上に紹介したそれぞれの原理を働かせる際にも考慮される必要がある。

6章　図書館の経営評価

1. 図書館評価の枠組み

(1) 図書館評価の意義と目的

a.「経営サイクル (PDCA)」と図書館評価

　本書では，これまでも図書館の運営及びサービスの実施にあたって，いわゆる「経営サイクル (PDCA)」の考え方が必要とされることを繰り返し述べてきた。この「PDCA」の「C (Check＝点検・評価)」の段階にあたるのが図書館評価である。図書館評価は，「評価」という特別な仕事ではなく，さまざまなサービスや業務の「一連の過程の一段階」と考える必要がある。

b. 図書館評価の意義

　図書館の運営にあたっては，財源や人材，情報源などかぎられた資源をより効果的，効率的に活用することが求められる。とくに，地方公共団体や大学など，図書館を設置・運営する母体となる組織の財政事情が悪化している近年においては，評価によりサービスや業務の正当性・有用性を示すことが，財源や人材など必要な資源の確保に不可欠と考えられる。

　図書館評価について先駆的に取り組まれてきた米国においても，図書館評価という考え方は，財政緊縮の時代となった1960年代から1970年代にかけて，主に財政的な観点から図書館経営を正当化できるよう，人々のニーズを満たしかつ効率性の高い経営を確保し，立証するためのものとして確立されている[1]。

　わが国においても，図書館評価の必要性が大きく提唱されるようになったのは，景気の低迷による地方公共団体や大学などの財政事情の悪化が顕著になっ

1：永田治樹.〈図書館界60巻記念企画〉構造的転換期にある図書館の法制度と政策（第3回）：図書館評価の枠組みと課題. 図書館界. 2008, vol.60, no.4, p.266-279.

た1990年代以降と考えられ，とくに運営に必要な財源の確保のために，図書館の有用性や必要性をアピールする手段として，図書館評価の位置づけは重要と考えられる。

c．図書館評価の目的

「評価」は，「経営サイクル（PDCA）」の「C（Check＝点検・評価）」の段階であり，「A（Act＝改善）」のために必要な行為である。つまり，計画に基づいてサービスや業務を実施し，その結果を評価することにより，サービスや業務の改善，計画の見直しにつなげるという意味を持つ。図書館においては，例えば1年間の活動実績を振り返り，利用が多かったサービスをより充実させる，あるいは参加者が少なかった事業の見直しを行うなど，次年度の活動計画の立案に活かすために，「評価」という取り組みが必要となる。

評価結果を公表することにより，図書館利用者や住民，学生・教職員など図書館の活動に関わる人々に図書館の活動状況を広く知らせることができる。この時に，例えば図書館サービスによる地域への貢献度を示すことにより，図書館の有用性をアピールすることも可能になる。一方で，他の図書館との比較などにより自らの図書館のサービス水準が低いことを示し，サービス向上の必要性を訴えるための資料とすることもできる。このように，図書館評価は図書館の活動状況について，地域住民や学生・教職員などに対して，図書館に関する理解を浸透させる手段として活用することができる。

（2）法及び政策における図書館評価の位置づけ

a．公立図書館の評価

❶「行政評価」の一環としての評価　地方公共団体における行政改革の一環として「行政評価」が普及している。1996（平成8）年に三重県が「事務事業評価システム」を導入して以来，全国各地で取組が進んでいる。

「行政評価」は，地方公共団体の政策や事務事業を評価対象とするものであり，「事務事業」の中には各地方公共団体が設置する施設の管理運営も含まれる。したがって，公立図書館についてもこの「行政評価」の一環としての評価が広く行われている。

❷「望ましい基準」における規定　2001（平成13）年に「公立図書館の設置及

び運営上の望ましい基準」が文部科学省告示として公表された。この基準の中で，図書館評価に関しては，「1　総則　(3)　図書館サービスの計画的実施及び自己評価等」において次のように示されていた。

> ①　公立図書館は，そのサービスの水準の向上を図り，当該図書館の目的及び社会的使命を達成するため，そのサービスについて，各々適切な「指標」を選定するとともに，これらに係る「数値目標」を設定し，その達成に向けて計画的にこれを行うよう努めなければならない。
> ②　公立図書館は，各年度の図書館サービスの状況について，図書館協議会の協力を得つつ，前項の「数値目標」の達成状況等に関し自ら点検及び評価を行うとともに，その結果を住民に公表するよう努めなければならない。

「努力義務」ではあるが，「文部科学省告示」として公表され，法の規定に基づく基準に評価に関する項目が盛り込まれたことは，図書館評価の必要性が公的に認知されたことを表すものと考えられる。また，評価結果について住民への公表を求めたことは，評価を通じて図書館活動に対する住民の理解を高める目的を明確に示したものと考えられる。

「公立図書館の設置及び運営上の望ましい基準」については，2008(平成20)年の図書館法の改正を受けて，2012(平成24)年12月に「図書館の設置及び運営上の望ましい基準」として新たに告示された。図書館評価については，「第二　公立図書館」において，目標の設定と事業計画の策定，目標及び計画に基づく自己点検評価に加え，図書館関係者や学識経験者，住民等による評価に努めることが求められており，従来の「自己点検・評価」だけでなく，いわゆる「第三者評価」「外部評価」についても実施することが求められている。

❸図書館法の改正による規定　公立図書館の評価に関わる規定は，前述の「望ましい基準」に留まらず，2008(平成20)年6月の改正により，図書館法にも盛り込まれた。

公立図書館の経営やサービスのあり方については，「望ましい基準」の公表以後，文部科学省が設置した「これからの図書館の在り方検討協力者会議」が2004(平成16)年度から2005(平成17)年度にかけて検討した結果について「これ

からの図書館像」として報告されている[2]。図書館評価についてもこの中で「これからの図書館経営に必要な視点」の一項目として盛り込まれ、その必要性と方向性についての考え方が示されている。

さらに、2008年6月に改正された図書館法においても、新たに評価に関する条項が次のように設けられた。

> 第7条の3　図書館は、当該図書館の運営の状況について評価を行うとともに、その結果に基づき図書館の運営の改善を図るため必要な措置を講ずるよう努めなければならない。

「望ましい基準」と同様に「努力義務」ではあるが、法の一条文に評価に関する規定が盛り込まれたという意義は大きく、図書館評価のさらなる普及の必要性が明らかになった。

この条文では、図書館評価の実施により運営の改善につなげるという意図を明確にしており、「経営サイクル（PDCA）」の一段階としての評価の位置づけが明確化されたと考えられる。

b．大学図書館の評価

❶大学の自己点検・評価に伴う図書館評価　大学図書館については、1991（平成3）年の大学設置基準の「大綱化」による改正に伴い、大学設置基準の中に新たに大学の自己点検・評価に関する規定が設けられたことにより、附属機関である図書館についても経営的側面からの評価が求められるようになった。大学の自己点検・評価については、1999（平成11）年からは大学設置基準において義務化されたのち、2004（平成16）年の改正学校教育法の施行により、法による規定に移行するとともに、第三者機関による認証評価についても義務づけられた。

❷大学図書館の評価のあり方に関する提言　文部科学省が設置した「科学技術・学術審議会学術分科会研究環境基盤部会・学術情報基盤作業部会」が2006

2：これからの図書館の在り方検討協力者会議．"これからの図書館像：地域を支える情報拠点をめざして（報告）"．国立国会図書館インターネット資料収集保存事業（WARP）．PDF，http://warp.da.ndl.go.jp/info：ndljp/pid/286184/www.mext.go.jp/b_menu/houdou/18/04/06032701/009.pdf，（参照2013-05-23）．

(平成18)年3月に公表した「学術情報基盤の今後の在り方について(報告)」のうち「学術情報基盤としての大学図書館等の今後の整備の在り方について」において，大学図書館の評価に関してその重要性を指摘し，蔵書数や貸出冊数といった従来の評価指標以外に，サービスについて定量・定性分析するための新たな評価指標の標準化の必要性を示している[3]。

また，2010(平成22)年12月に公表された「大学図書館の整備について(審議のまとめ)―変革する大学にあって求められる大学図書館像―」においては，「1．大学図書館の機能・役割及び戦略的な位置付け」の中で，独自の点検・評価システムの導入，学習支援や教育研究に関する機能の観点など多様なサービスに対応した評価の実施などを求めている[4]。

2．図書館評価の方法

(1) 評価の種類

a．定量的評価と定性的評価

評価の種類として，どのような指標を用いるかという視点から，活動実績などについて計測した統計数値を指標として用いる「定量的評価」と，数値によらない「定性的評価」がある。評価の客観性や比較の容易さという点からは，できるだけ定量的評価を行うことが望まれるが，数値化が難しい場合には定性的評価が行われる。

図書館評価においては，貸出冊数，利用者数，行事の参加者数などの統計数値による評価が定量的評価であり，職員による観察や検討，利用者の意見など

3：科学技術・学術審議会学術分科会研究環境基盤部会学術情報基盤作業部会．"学術情報基盤の今後の在り方について：報告"．文部科学省Webサイト．2006．PDF，http://www.mext.go.jp/b_menu/shingi/gijyutu/gijyutu4/toushin/06041015/020.pdf，(参照2013-05-20)．

4：科学技術・学術審議会学術分科会研究環境基盤部会学術情報基盤作業部会．"大学図書館の整備について(審議のまとめ)―変革する大学にあって求められる大学図書館像―"．国立国会図書館Webサイト．2010-12．PDF，http://www.janul.jp/j/documents/mext/singi201012.pdf，(参照2013-05-24)．

による評価が定性的評価と考えることができる。
　b．絶対評価と相対評価
　一つの図書館について一時点の実績により行われる評価を「絶対評価」といい，他の図書館や過去の実績との比較により行われる評価を「相対評価」という。絶対評価については，一般的に一定の基準や策定した達成目標に基づいて行われる。
　実際の評価においては，例えば1年間の活動実績について，達成目標に基づき絶対評価を行うとともに，前年度の実績や同規模の図書館との比較による相対評価を併せて行うという形で併用されることがある。
　c．自己評価と外部評価
　評価を行う主体という視点からは，「自己評価」と「外部評価」に分けることができる。自己評価は自らが行う評価であり，外部評価は外部の評価者（評価機関）により行われる評価である。
　図書館評価においては，活動実績に基づき図書館自らが行う自己評価が一般的であるが，公立図書館においては，図書館協議会などの有識者機関による外部評価が行われている例があり，2012(平成24)年12月に告示された「図書館の設置及び運営上の望ましい基準」においても，図書館関係者や学識経験者，住民などの第三者による評価を求めている。また大学における第三者機関による認証評価は，外部評価の代表的な例と言える。

（2）評価のための指標

　評価を行う際には，各種の指標を用いて，図書館のサービスや業務に関する活動実績を把握する必要がある。
　図書館評価の指標は，活動の段階により次のように分類される。実際の図書館評価に用いられる指標の具体的な事例については6-1表に示す。
　①インプット（投入）指標……予算や人員など，活動に必要な資源を表す指標をいう。図書館においては，資料費，サービス実施のための経費などの予算額，職員数などがこれにあたる。
　②アウトプット（結果・産出）指標……活動実績そのものを指標とするもので，図書館においては貸出冊数などのサービス実績，蔵書冊数などの業務実績

6-1表 図書館評価指標の例

区分	指標の例
インプット（投入）指標	職員数，労働時間数，資料費，事業経費，Web サイト更新回数，報道発表回数
アウトプット（結果・産出）指標	蔵書冊数，貸出冊数，予約冊数，相互貸借冊数，入館者数，登録者数，レファレンス件数，行事参加者数，Web サイトアクセス件数，新聞記事掲載件数
アウトカム（成果・効果）指標	利用者満足度，行政効果
プロセス（効率）指標	蔵書回転率，職員1人当たり貸出冊数

がこれにあたる。

　③アウトカム（成果・効果）指標……活動による成果・効果を表す指標をいう。一般的には社会への貢献や改善度，サービスを受けた人にもたらされる変化などを指標として用いる。図書館においては，利用者満足度をアウトカム指標とする例が多い。

　④プロセス（効率）指標……活動の過程における効率性を表す指標をいう。図書館においては，蔵書回転率（年間貸出冊数／蔵書冊数），職員1人当たり貸出冊数（年間貸出冊数／職員数）のような指標が用いられる。

（3）評価のための基準

　活動の評価に際して，特に絶対評価では，多くの場合既存の基準に基づいて評価が行われる。この場合に用いられる基準としては，法令等で規定された基準，過去の実績に基づく標準的な水準，「ベストプラクティス」と呼ばれる同業種における最善の実践などが一般的である。

　図書館においては，評価に用いることができる基準の事例として，次のものが挙げられる。

a．法令等で規定された基準

　国内の図書館に関する基準として，公共図書館については「図書館の設置及び運営上の望ましい基準」がある。基準自体は定性的なものであり，数値によ

る基準は示されていないが，この基準について審議した協力者会議の報告書では，参考資料として「目標基準例」が示されている[5]。

また，学校図書館については，1993（平成5）年に文部省（当時）により「学校図書館図書標準」が設定されている。これは校種・学級数ごとに学校図書館の蔵書冊数の目標値を設定したものである[6]。

国際的な基準としては，国際図書館連盟（IFLA）が発表した「公共図書館のガイドライン」（Guidelines for Public Libraries）がある。1985年のIFLAシカゴ大会で発表された基準で，2000年に改訂版が公表されている[7]。

b．過去の実績に基づく標準的な水準

日本図書館協会が毎年発行している『日本の図書館　統計と名簿』においては，市町村立図書館について人口規模別に活動実績の平均値を示している。また，文部科学省が毎年集計・公表している「学術情報基盤実態調査」では，大学図書館の活動実績について，国立・公立・私立大学別に学部数による4区分での集計を行っている。このような全国的な統計をもとに，同種の図書館の活動実績についての平均値を算出し，標準値として比較対象とすることが考えられる。

c．「ベストプラクティス」と呼ばれる同業種における最善の実践

前述した「図書館の設置及び運営上の望ましい基準」について審議した協力者会議報告の参考資料として示された「目標基準例」は，各人口段階別に貸出密度（住民一人当たり貸出資料数）上位10%の市町村の平均数値を算出したもので，わが国の公共図書館における「ベストプラクティス」を示したものと考えることができる。

5：文部科学省生涯学習政策局社会教育課．"図書館の設置及び運営上の望ましい基準（平成24年文部科学省告示第172号）について"．文部科学省Webサイト．PDF．http://www.mext.go.jp/a_menu/shougai/tosho/001/__icsFiles/afieldfile/2013/01/31/1330295.pdf，（参照　2013-03-06），p31．

6："「学校図書館図書標準」の設定について"．文部省初等中等教育局長通知．http://www.mext.go.jp/b_menu/hakusho/nc/t19930329001/t19930329001.html，（参照2012-05-20）．

7："Revision of IFLA's Guidelines for Public Libraries"．IFLA Section of Public Libraries.http://archive.ifla.org/VII/s8/proj/gpl.htm，（参照2012-05-20）．

d．その他の基準

これまで紹介した基準は，いずれも定量的評価のための数値基準である。これに対して，日本図書館協会が発表した「図書館評価のためのチェックリスト」[8]は，定性的評価のための評価項目を示した基準と考えられる。

（4）評価のための調査と統計

図書館評価を行うにあたっては，評価対象とする活動実績の調査が必要となる。活動実績については，日常的な業務記録から把握できるものもあるが，評価対象によっては特別な調査を必要とするものもある。

評価に際しては，さまざまな統計数値を活用することが多い。現在は，大多数の図書館でコンピュータによる業務処理が行われ，日・週・月・年単位で蔵書や利用に関する定型的な統計数値が得られている。このような，日常業務の一環として収集されるデータを「業務統計」と呼ぶのに対して，非日常的な調査によって得られるデータを「調査統計」と呼ぶ[9]。

a．業務統計

業務統計は，図書館における一般的な活動実績を示す数値として広く用いられる。多くの図書館で収集される業務統計は，対象とする活動から分類することができる。

①蔵書に関する統計……図書館で所蔵する資料に関する統計で，蔵書冊数，受入冊数，購入冊数，寄贈冊数，除籍冊数などが該当する。

②利用に関する統計……図書館の利用に関する統計で，貸出冊数，予約冊数，入館者数，登録者数，レファレンス件数，行事参加者数などが該当する。

③職員に関する統計……図書館で働く職員等に関する統計で，職員数，有資格者数などが該当する。常勤・非常勤・臨時といった雇用形態別の集計が必要とされる。

④経費に関する統計……図書館の経費に関する統計で，運営総経費，資料購

8：日本図書館協会．図書館評価のためのチェックリスト．改訂版．日本図書館協会，2004，17p．
9：糸賀雅児．特集：図書館の統計と評価：総論：図書館の統計と評価．情報の科学と技術．2001，vol.51，no.6，p.312-317．

入費，図書購入費，施設管理費などが該当する。通常，予算額と決算額の双方を算出する。

⑤施設に関する統計……図書館の施設に関する統計で，延床面積，閲覧席数，端末台数などが該当する。

b．調査統計

調査統計は，業務統計では得られない項目について，特別な調査や集計を行って得られるデータである。時間帯を限定した利用状況や，資料の館内閲覧回数，蔵書点検の結果得られる不明資料数，アンケートによる利用者調査などが該当する。

(5) 具体的な評価方法

図書館評価の具体的な方法について，事例を基に紹介する。

a．業務統計による自己評価

業務統計（一部の調査統計を含む）による自己評価を行い，その結果を公表しているものである。図書館評価として実践されている事例としては，もっとも多いものと考えられる。評価項目ごとに目標（定量的評価の場合には数値目標）を設定し，目標の達成状況に基づいて評価を行う方法が一般的である。6-2表に，福岡県立図書館における評価の事例を示す。

b．図書館協議会などの有識者機関による外部評価

図書館評価について，図書館として有識者機関等による独自の外部評価を行っている例は，国内ではまだ少数である。

公立図書館については，2008(平成20)年の図書館法の改正以降，独自の評価に取り組む図書館が現れているが，この中で評価の客観性を重視する観点から，外部評価の導入を図る例が見られる。また，指定管理者制度の導入により，指定管理者に対する評価として外部評価手法を導入している地方公共団体では，図書館評価についても外部評価が行われている例がある。

豊中市立図書館（大阪府）では，「豊中市立図書館評価システム」による自己評価を行うとともに，2009(平成21)年からは豊中市立図書館評価検討委員会による外部評価を3年に一度実施し，その結果を公表している[10]。

指定管理者制度を導入した図書館において，指定管理者に対する評価として

6-2表 福岡県立図書館平成22年度評価（部分）[11]

1 資料収集保存センターとしての機能に関する評価

評価項目	22年度目標	22年度実績	評価
(1) 受入資料数	27,100冊	26,708冊	△
内訳 ①購入受入資料数	19,900冊	21,117冊	○
②寄贈受入資料数	7,200冊	5,591冊	−
(2) 録音図書収集タイトル数	58タイトル	60タイトル	○
(3) 大活字資料購入率（＝購入点数／出版点数）	100%	100%	○
(4) 新着資料回転率（＝新着資料貸出点数／新着資料貸出可能数）	1.50回	2.21回	◎
(5) 資料の質や量についての利用者満足度（子ども図書館を除く）＊アンケートによる	78%	80%	○
合　計			6

2 資料情報センターとしての機能に関する評価

評価項目	22年度目標	22年度実績	評価
(1) 入館者数（全体）	397,700人	396,649人	△
(2) 新規登録者数	5,700人	5,398人	−
(3) 貸出点数（子ども図書館，録音図書を除く）	206,000冊	292,517冊	◎
(4) 貸出点数（録音図書）	2,550タイトル	1,998タイトル	−
(5) レファレンス件数（本館2階閲覧室）	19,500件	19,419件	△
内訳 ○重点サービス（ビジネス支援）	880件	826件	−
○重点サービス（行政支援件数）	580件	451件	−
(6) コピー，マイクロフィルム複写枚数（本館2階閲覧室）	123,400枚	108,683枚	−
(7) 福岡県立図書館Webサイトアクセス件数	404,600件	438,337件	○
(8) 県民対象講座満足度（平均）＊アンケートによる	98%	95%	△
(9) 目的の資料・情報が入手できたかの利用者満足度　＊アンケートによる	88%	91%	○
合　計			6

外部評価を行っている事例としては，横浜市山内図書館における「横浜市山内図書館指定管理者運営評価委員会」による評価報告がある[12]。

c．利用者調査を活用した評価

アンケートなどにより利用者の行動や意識について調査を行い，その結果を評価に活用することも広く行われている。図書館では，特に「利用者満足度」について，利用者アンケートによる調査を行い，アウトカム指標として評価に取り入れる例がある。

利用者アンケートは，図書館内でアンケート用紙を配布し，記入の後回収する方法が一般的であるが，近年はWebサイト上でのアンケート調査を実施する例もある。

利用者アンケートにおける調査項目の例として，恵庭市立図書館（北海道）において2011（平成23）年10月に実施された利用者アンケートの調査項目を6-3表に示す。

なお，利用者調査の事例を含め，公立図書館における自己評価の考え方や方法，統計の基礎について解説した資料として，神奈川県図書館協会図書館評価特別委員会による検討の成果がまとめられており，自己評価導入の際の参考資料として活用できる[13]。

d．図書館パフォーマンス評価

活動実績に基づく評価のうち，特に成果及び効率を重視した評価をパフォーマンス評価と称する。図書館のパフォーマンス評価において用いられる指標に関する国際的な標準として定められた規格が，ISO11620「図書館パフォーマンス指標」（Information and documentation – Library performance indicators）である。ISO11620において採用されている指標は，「要求タイトル利用

10：豊中市立図書館評価検討委員会．"豊中市立図書館の運営状況に関する評価報告書"．豊中市立図書館．2009-08．http://www.lib.toyonaka.osaka.jp/data/open/cnt/3/593/1/houkoku.pdf，（参照2012-05-20）．
11：福岡県立図書館．"福岡県立図書館　図書館評価　平成22年度"．福岡県立図書館Webサイト．PDF．http://www.lib.pref.fukuoka.jp/hp/hyouka/hyouka_h22_02.pdf，（参照2013-05-28）．
12：横浜市山内図書館指定管理者運営評価委員会．"平成22年度横浜市山内図書館指定管理者運営評価報告書"．2011-11．http://www.city.yokohama.lg.jp/kyoiku/library/kanri-unei/h22hyoukahoukoku.pdf，（参照2012-05-20）．
13：神奈川県図書館協会図書館評価特別委員会編．公共図書館の自己評価入門．日本図書館協会，2007，142p，（JLA図書館実践シリーズ，9）．

6-3表 恵庭市立図書館利用者アンケート調査項目（2011年10月実施）[14]

調査項目	内容
1　利用者に関すること	性別，年齢，住所，利用頻度，1年前と比較した来館回数の増減
2　自宅からの距離	図書館までの所要時間
3　滞在時間	来館1回当たりの平均滞在時間
4　資料の探し方	どのような方法で本などを探したか
5　来館目的とその達成度	本の貸出・返却，館内で本を読む，調べ物，学校の勉強など10項目 満足度：4段階
6　利用に関する満足度	開館時間・曜日，館内設備，資料の探しやすさ，予約や取り寄せの容易さ，資料の有無，利用者マナーの6項目 満足度：4段階
7　サービスの認知度と満足度	予約，相談，Webサイトでの予約，相互貸借，催し物など16項目 満足度：4段階
8　充実を希望するサービス	本や雑誌，机・椅子，映像資料，インターネットの利用など14項目
9　図書館スタッフに関する満足度	挨拶・声かけの有無，説明のわかりやすさ，対応の的確さ，身だしなみ 満足度：4段階
10　自由意見	

可能性」など「利用可能性」や「正確性」，「迅速性」といった「質」に結びつく指標を提示していることが特徴であり，日常的な業務統計だけでは得られない図書館サービスの質的側面からの評価結果が得られることが期待できる。

　ISO11620に対応する国内での規格として，JISX0812「図書館パフォーマンス指標」が制定されているが，ここに掲げられた指標を積極的に活用して図書館評価を実施し，その結果を公表している事例については，少なくとも日本国

14：平成23年度恵庭市立図書館利用者アンケート—調査結果報告書—. 2012-01, http://www.city.eniwa.hokkaido.jp/www/contents/1256191647592/files/H23question-naire.pdf，（参照2012-05-20）．

内では確認できない。

e．SERVQUAL と LibQUAL＋

「SERVQUAL」は，1988年に米国で発表された「サービスの質」を測定・評価する手法であり，米国では官民問わず多くのサービス産業で実用されており，図書館への適用事例も多い。図書館への SERVQUAL の適用が広がる中で，SERVQUAL を応用した図書館固有の新たな評価手法の開発に取り組むプロジェクトが1999年に発足した。これが「LibQUAL＋」である。LibQUAL＋による調査は，2000年以降米国を中心に継続されているが，参加館は主に大学図書館となっている。

国内では，2008（平成20）年に金沢大学，大阪大学及び慶應義塾大学においてLibQUAL＋による利用者調査が実施され，その結果の概要が各図書館の Web サイトで公開されている。

3．図書館評価の実態と課題

（1）図書館評価の実態

a．公共図書館

国内の公共図書館における図書館評価の実施状況については，2008（平成20）年に文部科学省による委託調査として行われた「図書館の自己評価，外部評価及び運営の状況に関する情報提供の実態調査」の結果により確認することができる[15]。

この調査結果によると，図書館独自の取り組みとして評価を行っている地方公共団体は都道府県で46％であるが，市区町村では20％，全体でも21％に留まっている（6-4表）。

2008（平成20）年に図書館法が改正されたことを受けて，この調査の後，新たに図書館評価に取り組む地方公共団体が増えていることは推察されるが，図書

15："図書館の自己評価，外部評価及び運営の状況に関する情報提供の実態調査（平成21年3月）". 文部科学省生涯学習政策局社会教育課 .http://www.mext.go.jp/a_menu/shougai/tosho/shiryo/1284904.htm, （参照2012-05-20）.

6-4表　図書館における自己評価・外部評価への取り組み状況[16]

回答内容	回答館数（館）	構成比（％）
図書館独自の取り組みとして評価を行っている	377	21.0
行政評価などの一環として評価を行っている	861	48.0
いずれの形式においても評価は行っていない	556	31.0
合　　計	1,794	100.0

館法の改正により図書館評価の必要性が広く認知された状況の下でも，公立図書館においては図書館独自の評価が広く普及しているとは言えないという現状にある。

b．大学図書館

　国内の大学図書館における自己点検・評価の結果については，各大学が自ら報告書を公開している事例を数多く見ることができる。しかし，大学図書館における自己評価の実施状況に関する全国的な調査結果については，確認することができない。

　大学の自己点検・評価に関する実施状況については，2001（平成13）年現在の調査結果が文部科学省により公表されている。これによると，国公私立大学全体で92％の大学が自己点検・評価を実施しており，全体の75％の大学がその結果を公表している。この結果から，ほとんどの大学図書館において何らかの自己点検・評価が実施されていることが推察される。

（2）図書館評価の課題

a．図書館評価の普及

　調査結果でも確認できるように，国内の公立図書館においては独自の図書館評価が広く普及しているとは言えない状況にある。評価を行っていない図書館における課題として，文部科学省による調査結果では，「適切な評価基準の策

16：みずほ情報総研．"図書館の自己評価，外部評価及び運営の状況に関する情報提供の実態調査報告書"．2009-03．PDF，http://www.mext.go.jp/component/a_menu/education/detail/__icsFiles/afieldfile/2009/09/16/1284905_2_1_1.pdf,（参照2013-05-28）．

定」「評価の仕組みづくり」「適切な数値目標の設定」を挙げる図書館の割合が高く，日常的な業務統計に基づく評価を実施する際に，比較対象とする基準や数値目標の設定に苦慮している状況がうかがえる。

また，利用者サービスなど日常業務に追われる中で，さらに「評価」という業務が増えることへの抵抗感や徒労感を訴える意見もあり，「業務サイクルの一段階」として評価を考えるという認識が浸透していない状況も推察される。

図書館評価の普及にあたっては，職員が日常的業務に忙殺される状況の打開，特に専門的職員である司書有資格者が，より積極的に図書館経営に関わることができるよう，業務の見直しを進めることも必要と考えられる。

b．アウトカム指標の活用

活動の評価に際して，特に業務の改善やサービスの向上，必要な資源の獲得のためには，アウトカム指標によりそのサービスや業務による社会的成果・効果を示すことが重要とされる。地方公共団体で普及している行政評価においても，事業の経済効果や住民の満足度など，アウトカム指標による評価の必要性が求められてきた。

図書館についても，地方公共団体や大学などの財政事情が厳しい中で，必要な予算や人員を確保し，サービスの向上を図るためには，社会的成果・効果を示すことにより，図書館の有用性・必要性をアピールする必要がある。このためには，図書館評価における適切なアウトカム指標の活用が求められる。

図書館評価におけるアウトカム指標としては，現状では利用者満足度以外の指標はほとんど活用されていない。しかし，図書館活動は，地域における読書活動の推進，地域の課題解決支援，学生の学習能力向上などに寄与していることが十分に推察できる。このような視点での「効果」を示すことができれば，図書館の有用性や必要性をアピールする点で大きな貢献となる可能性がある。

7章　図書館の管理形態の多様化

　2012(平成24)年5月5日の朝刊各紙に，次のような記事が掲載された。
　「市図書館　TSUTAYAが運営　佐賀・武雄　議会提案へ　年中無休，カフェも併設」[1]
　佐賀県武雄市の市立図書館について，2013(平成25)年4月からソフトのレンタルおよび販売店「TSUTAYA」を運営する株式会社「カルチュア・コンビニエンス・クラブ」に運営を任せることになった，という趣旨の記事であった。
　市立図書館を株式会社が運営するとはどういうことなのか，この章では，「図書館の管理形態の多様化」として，報道された事例のほか，さまざまな管理形態の多様化の現状と課題について論述する。

1．図書館を取り巻く社会情勢の変化

(1) 図書館に求められる機能

　図書館については「図書を貸し出すだけの施設」「受験や試験のための勉強をする場所」というイメージを持つ人がいまだに多い。しかし近年，レファレンスサービスや読書活動支援，他機関との連携協力などを活かした図書館の実践が進められたことにより，地域や大学の発展に役立つ情報拠点として多様な可能性を持つ施設という期待が大きくなっている。
　公立図書館については，2006(平成18)年に発表された「これからの図書館像」において，図書館の改革が進みつつあり，改革が進んだ図書館では「地域を支える情報拠点」と位置づけられ，「地域や住民に役立つ図書館」として認

1：市図書館　TSUTAYAが運営　佐賀・武雄　議会提案へ　年中無休，カフェも併設. 読売新聞. 西部本社版, 2012-05-05, 朝刊, p.18.

識されつつある,としている[2]。また,片山善博は,「図書館は民主主義の砦」として,住民が政府や自治体の言っていることの真偽を確かめることができる情報拠点としての機能を図書館に求めている[3]。

また,大学図書館については,2010(平成22)年に発表された「大学図書館の整備について(審議のまとめ)」において,学生の学習や大学が行う高等教育及び学術研究活動全般を支える重要な学術情報基盤の役割を有するとして,大学図書館に求められる機能・役割について「学習支援及び教育活動への直接の関与」「研究活動に即した支援と知の生産への貢献」「コレクション構築と適切なナビゲーション」「他機関・地域等との連携並びに国際対応」が挙げられている[4]。

このような役割に関する期待が高まる中で,その機能を十分に発揮するための体制づくりやサービスの具体化が課題とされている。

(2) 社会経済情勢の変化と運営の効率化

景気の低迷や少子化といった社会経済情勢を受けて,図書館の設置母体である地方公共団体や大学の財政事情は厳しい状況が続いている。

財政事情が厳しい中においても,高齢者福祉や子育て支援,防災対策,環境保護,教育内容の充実,学習成果の向上など,地方公共団体や大学における課題は山積しており,住民や学生の生活に直結した問題として優先的に取り組まれている。

予算や職員などの「投入資源」が限られる中で,さまざまなサービスの充実を図らなければならない状況に加え,特に地方公共団体に対しては,「行政の

2:これからの図書館の在り方検討協力者会議."これからの図書館像:地域を支える情報拠点をめざして(報告)".国立国会図書館インターネット資料収集保存事業(WARP).PDF,http://warp.da.ndl.go.jp/info:ndljp/pid/286184/www.mext.go.jp/b_menu/houdou/18/04/06032701/009.pdf,(参照2013-05-23),p.94.

3:片山善博.図書館は民主主義の砦(鳥取発コペルニクス的分権 第27回).ガバナンス.2005, no.53, p.56.

4:科学技術・学術審議会学術分科会研究環境基盤部会学術情報基盤作業部会."大学図書館の整備について(審議のまとめ)―変革する大学にあって求められる大学図書館像―".国立国会図書館Webサイト.2010-12.PDF,http://www.janul.jp/j/documents/mext/singi201012.pdf,(参照2013-05-24),p.73.

ムダ」に関する住民意識の高まりを受けて，図書館に代表される施設運営の効率化は避けられない状況になっている。

（3）図書館設置者の責務

a．地方公共団体の責務

　社会経済情勢の変化は，地域住民の生活にもさまざまな影響を及ぼしている。例えばごみ処理や防犯対策など，これまでは行政サービスを受ける側として生活を送ることができたものが，その一部を住民自身で行うことや，必要な対価の支払いを求められるようになっている。このような，住民の「自己判断」「自己責任」が求められる社会への変化に対応するために，地方公共団体は住民に対する積極的な情報発信や，住民が自ら学習できる環境の整備に努める必要がある。図書館は，情報発信や学習の場として，住民にとってきわめて身近な拠点と考えられる。

　一方で，行政運営の効率化は避けられない状況にあり，図書館機能の充実と運営の効率化を両立させることが大きな課題である。

b．大学の責務

　大学図書館の設置者である大学についても，地方公共団体と同じような状況にあると考えられる。

　少子化の影響を受けた学生数の減少，大学間競争の激化により，大学経営は厳しさを増しており，国公立大学については法人化により独立経営を求められ，多くの私立大学も含めて経営の効率化が進められている。一方で，自己点検・評価や第三者機関による認証評価の義務化など，大学の成果・効果を示すことも求められるようになり，学生の学習・研究及び教員の教育・研究における水準の向上も必要とされている。

　このような環境において，大学図書館について，学習や研究を支える基盤として，資料やサービスの充実を図るとともに，さらなる運営の効率化を進めることが課題となっている。

（4）図書館政策における管理形態多様化への考え方

　近年，公立図書館及び大学図書館に関して，文部科学省が所管する有識者会

議において政策提言が発表されている。この中で，図書館の管理形態の多様化，特に運営の効率化について方向性を示す記述について確認する。

a．公立図書館：「これからの図書館像」

2006(平成18)年に発表された「これからの図書館像」では，「3．これからの図書館運営に必要な視点」として「効率的な運営方法」の一項目を挙げている。

この中では，職員の適切な業務配置による効率性の向上に関して，"司書の担う専門的業務の範囲を定め"として，司書が担う専門的業務とそれ以外の業務を区分し，分担を明確にすることを提案している。また，"業務の内容に応じて業務委託を進めることも考えられる"として，一部業務の委託化の可能性についても言及している[5]。

b．大学図書館：「大学図書館の整備について（審議のまとめ）」

大学図書館については，2010(平成22)年に発表された「大学図書館の整備について（審議のまとめ）」において，「1．大学図書館の機能・役割及び戦略的な位置付け」の中で，「専任職員及び臨時職員の配置並びに外部委託の在り方」として言及されている。

この中では，"専任職員と臨時職員が担うべき業務と，外部委託等に委ねることが可能な業務との区分けをも考慮した大学図書館の業務体制の在り方を模索することも一つの方法であるといえる"としたうえで，中核業務については専門的な能力を有する人材が継続して従事する一方で，管理・運営に責任を有する図書館職員によるチェック体制の確保の下で，一部業務の外部委託の可能性を示している[6]。

(5) 多様化する管理形態

公立図書館・大学図書館とも，サービスの向上と運営の効率化の双方が求められる状況の中で，その実現のために取り組まれている方策が管理形態の多様化と考えられる。

図書館の管理形態の多様化としては，次のような方策が取り入れられている。

5：前掲注2，p.28.
6：前掲注4，p.13-15.

- 非常勤，臨時職員の雇用
- 業務委託
- 指定管理者制度
- PFI
- 市場化テスト

これらの方策の現状と課題について，次節以降で論述する。

2．職員の雇用形態の多様化

(1) 図書館職員の雇用形態の現状

図書館で働く職員の雇用形態について，公共図書館と大学図書館に分けて現状を分析する。

a．公共図書館

日本図書館協会が発行している『日本の図書館』掲載の調査結果に基づく雇用形態別の職員数を7-1表に示す。

「非常勤」職員は，「嘱託」などの職名で雇用される職員であり，非常勤ではあるが，週4～5日出勤，6～8時間勤務，1年雇用（更新あり）という勤務

7-1表　公共図書館の雇用形態別職員数（各年4月1日現在）

	総数			うち司書・司書補		
	2006年	2011年	増減率	2006年	2011年	増減率
専任職員	14,070	11,759	−16.4%	7,028	6,064	−13.7%
兼任職員	1,408	1,311	−6.9%	114	159	+39.5%
非常勤	6,981.7	8,249.3	+18.2%	4,503.8	5,570.1	+23.7%
臨時	6,979.8	7,455.9	+6.8%	2,703.2	2,882.6	+6.6%
委託・派遣	3,141.6	7,983.8	+154.1%	1,250.5	4,493.1	+259.3%

（日本図書館協会図書館調査事業委員会編「日本の図書館：統計と名簿」日本図書館協会，2006及び2011から作成。非常勤，臨時，委託・派遣については，年間実働時間1,500時間を1人として換算した数値）

7-2表　大学図書館の雇用形態別職員数
(各年4月1日現在，短期大学を除く)

	2006年	2011年	増減率
専従職員	6,013	5,007	−16.7%
兼務職員	1,180	1,209	+2.5%
非常勤	2,295	2,673	+16.5%
臨時	2,285	1,806	−21.0%
派遣等	2,159	2,792	+29.3%

(日本図書館協会図書館調査事業委員会編「日本の図書館：統計と名簿」日本図書館協会，2006及び2011から作成)

体制となる場合が多く，とくに司書有資格者の場合には実質的に図書館サービスの中核を担うことも多い。

「臨時」職員は，いわゆる「アルバイト・パート」が多く，勤務日や時間帯を限定した雇用となる場合が多い。

「委託・派遣」は，後述する業務委託を受託した事業者や指定管理者に雇用される職員である。

5年間の変化を見ると，「専任職員」が減少しているのに対して「非常勤」「臨時」「委託・派遣」という，いわゆる「非正規職員」が大幅に増加しており，多くの図書館で「非正規職員」の比率が高くなっていることが推察される。

b．大学図書館

大学図書館についても，同様に『日本の図書館』掲載の調査結果に基づく雇用形態別の職員数を示す（7-2表）。

大学図書館においては，「臨時」は減少しているものの，「非常勤」「派遣等」が大きく増加し，公共図書館と同様に「専従職員」が減少する一方で，いわゆる「非正規職員」が大幅に増加していることが確認できる。

(2) 雇用形態の多様化の背景と課題

図書館職員の雇用形態の多様化，とくに非正規職員の増加の背景として，図書館に対するサービス向上と運営の効率化の双方が求められている現状がある。

公務員や大学職員である正規職員に代えて非常勤・臨時職員を雇用することにより人件費の削減を図り，運営の効率化につなげるとともに，資格を持たない事務系職員に代えて司書有資格者を非常勤・臨時職員として雇用し，レファレンスサービスや情報発信機能の充実を進めることを企図したものと考えられる。

非正規職員の増加に関しては，現代社会において，「ワーキングプア」と呼ばれる低賃金化に伴う生活困窮者の増加という大きな問題を引き起こしている。図書館職員も例外ではなく，とくに首都圏などの都市部において都道府県の法定最低額に近い賃金で非常勤・臨時職員や委託・派遣事業者の職員として雇用される例も多く，「図書館における官製ワーキングプア」として批判の対象になっている。

このような雇用形態のもとでは，生活上の理由から図書館に継続して勤務することを自ら断念する職員も少なくない。また，嘱託等の非常勤職員についても雇用契約期間が原則1年間であり，更新が認められる場合も多いものの，継続雇用の保証がないなど，長期にわたり継続して業務にあたることが難しい場合が多い。司書有資格者の多くを非常勤職員として雇用している図書館では，とくに蔵書の構築や地域との関係づくりといった経験の蓄積が求められる業務の充実という点が懸念されるなど，図書館サービスの向上に支障が大きいという考え方がある。

一方で，勤務日や時間帯について柔軟な勤務が可能になることで，例えば司書資格を持ちながら家事に専念していた人が，限られた時間の範囲で図書館に勤務することが可能になるなど，司書有資格者が図書館で働く機会を広げる状況を作り出しているという新たな一面もある。

3．業務委託

（1）業務委託の現状

図書館の業務について，図書館（または設置者）と事業者との契約により，一部（または全部）の業務を民間事業者や団体等に委託することを「業務委

託」という。多くは1年間の契約であり，価格競争による入札が行われ，最も安価な金額を提示した事業者が受託するという方法で事業者が決定される場合が多い。

図書館における業務委託の現状について，最近の調査結果に基づき説明する。

a．公立図書館

公立図書館における業務委託の実施状況に関する近年の調査結果としては，文部科学省が2009（平成21）年に公表した「図書館等における司書有資格者活用状況に関する実態調査」の中で発表されている結果がある[7]。

公立図書館に関する調査結果の中で，「公立図書館の運営形態」として，「全業務直営」「一部委託」「全業務委託」と回答した図書館の比率が示されている（7-1図参照）。

調査結果では，70％以上の図書館が「全業務を直営」と回答している一方で，一部または全部の業務を委託していると回答した図書館は25％近くに達している。

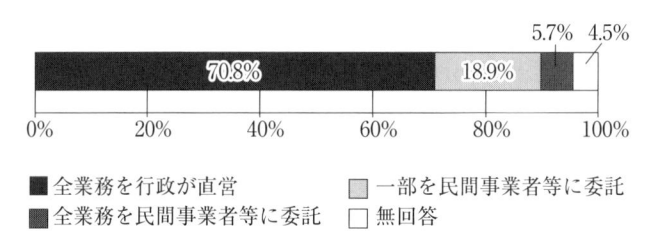

7-1図　公立図書館の運営形態
（「図書館等における司書有資格者活用状況に関する実態調査報告書（平成21年3月）」財団法人日本システム開発研究所，2009，p.4.）

b．大学図書館

大学図書館については，文部科学省が毎年行っている「学術情報基盤実態調査」において，外部委託の状況に関する調査結果が公表されている。2010（平成22）年度の状況を7-2図に示す。

7：調査対象には指定管理者制度導入館も含まれている。

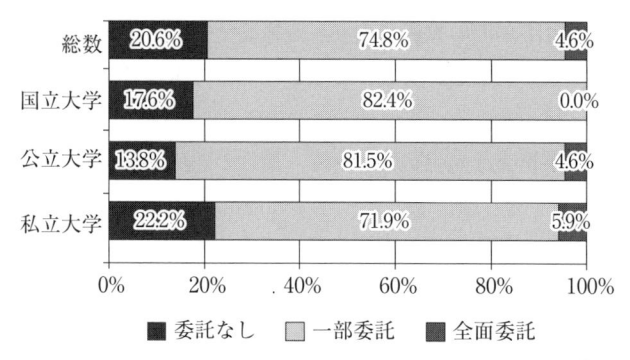

| II部　7章　図書館の管理形態の多様化

```
総数     20.6%   74.8%    4.6%
国立大学  17.6%   82.4%    0.0%
公立大学  13.8%   81.5%    4.6%
私立大学  22.2%   71.9%    5.9%
```

■ 委託なし　□ 一部委託　■ 全面委託

7-2図　大学図書館における外部委託の状況（2010年度）[8]

　大学図書館に関する調査では，委託業務内容として「清掃」「警備」が含まれていることに留意する必要があるが，約80％の図書館において何らかの業務を外部委託により実施している状況が確認できる。

（2）委託される業務の内容

　図書館業務のうち，どのような業務が委託の対象とされているのか，公立図書館，大学図書館それぞれの調査結果により考察する。

a．公立図書館

　「図書館等における司書有資格者活用状況に関する実態調査」においては，「民間業者等に委託している業務内容」についての調査を行っている。この結果から，委託している割合が高い業務と割合が低い業務を，7-3表に示す。公立図書館において委託されることが多い業務としては，貸出・返却処理などの窓口サービス業務，汚損・破損した図書・雑誌等の修理業務，排架・書架整理等の蔵書整理や蔵書点検業務が挙げられている。

b．大学図書館

　一部業務の外部委託を行っている大学図書館において，委託業務（清掃，警備を除く）の内容について集計した結果を7-4表に示す。

8：総務省．"学術情報基盤実態調査　平成23年度　大学図書館編"．e-Stat 政府統計の総合窓口，2012，http://www.e-stat.go.jp/SG1/estat/List.do?bid=000001039742&cycode=0，（参照2013-05-28）．

7-3表　民間業者等に委託している業務内容

業務名	委託している割合が高い業務		委託している割合が低い業務	
	窓口サービス業務	74.4%	館長業務	24.9%
	資料の補修業務	65.1%	庶務業務	27.4%
	蔵書整理・点検業務	63.4%	ボランティア活動支援	28.9%
	読書案内・読書相談業務	57.6%	関係機関・団体との連絡調整	30.5%
	複写サービス業務	53.2%	広報・苦情処理業務	30.9%

(「図書館等における司書有資格者活用状況に関する実態調査報告(平成21年3月)」財団法人日本システム開発研究所, 2009, p.14から作成)

7-4表　大学図書館における委託業務の内容 (2010年度) (単位：館) [9]

業務の内容	総数	国立	公立	私立
目録所在情報データベースの作成	340	26	23	291
一次情報(原文情報)データベースの作成	80	9	4	67
電算機の運用	288	24	34	230
複写	158	16	5	137
製本	696	180	49	467
受付・閲覧	320	36	18	266
その他	170	40	21	109

　大学図書館において委託されている館が多い業務としては，製本業務，目録所在情報データベース作成業務，受付・閲覧業務，電算機の運用業務が挙げられる。

c．委託業務内容の特徴

　委託されている割合が高い業務の内容を確認すると，公立図書館・大学図書館に共通する業務として，修理・製本といった資料の補修・保存に関する業務，受付・貸出などの窓口業務が挙げられる。これらの業務の委託にあたっては，選書やレファレンス業務など図書館内での他の業務との比較において，司書な

9：前掲注8から作成。

ど専門的職員が担う必要性が低い，という判断が行われ，民間事業者等に委託されている場合が多いものと推察される。

　一方で，公立図書館における読書案内・読書相談業務や，大学図書館における目録作成業務といった，専門的職員が担う必要性が高いと考えられる業務についても，外部委託が進んでいる状況がある。これらの業務については，民間事業者等が司書有資格者や業務経験者を確保して業務に就かせているものと考えられる。

（3）受託している事業者：公立図書館について

　公立図書館の業務委託に関して，どのような事業者が業務を受託しているのか，調査結果に基づいて考察する。受託事業者の種類を集計した結果を7-3図に示す。

　公立図書館の業務委託を受託している事業者としては，民間事業者が70％近くを占めており，次いで公益法人，NPO法人の順となっている。民間事業者としては，図書館への図書や目録データの納入について高いシェアを占めている書籍販売系の企業が，業務委託についても高い割合で受託しているものと推察されるが，近年は労働者派遣やイベント企画を本業としていた企業の参入も見られる。

　NPO法人については，図書館で非常勤・臨時職員として勤務していた職員により組織された法人が受託している事例がある。職員自らが主体的にNPO

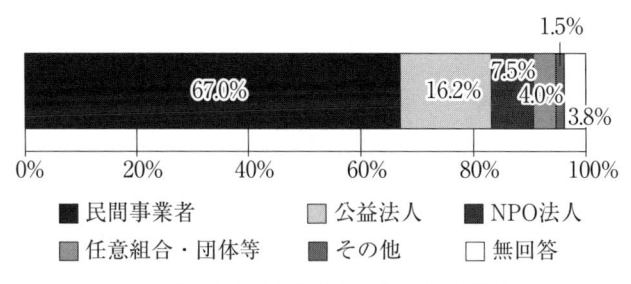

　　　　　　　　　　　　　　　　　　　　　　　　　　　　　　　1.5%
| 67.0% | 16.2% | 7.5% 4.0% | 3.8% |

■ 民間事業者　　□ 公益法人　　■ NPO法人
■ 任意組合・団体等　■ その他　　□ 無回答

7-3図　公立図書館業務委託の受託事業者
(「図書館等における司書有資格者活用状況に関する実態調査報告書（平成21年3月）」財団法人日本システム開発研究所，2009，p.15.)

法人を組織化した例もあるが，図書館（設置者）の働きかけにより，非常勤・臨時職員による NPO 法人を立ち上げ，図書館業務を委託している例も見られる。非常勤・臨時職員としての勤務経験者が法人内で責任者となり，地域住民の参加による NPO を組織化することにより，業務委託とともに「住民との協働」を進めている事例と見ることができる。

（4）業務委託における課題

　図書館の業務委託に関する課題として，まず挙げられることは，価格競争による「入札」という契約方法の結果，低価格による受託が多くなることがある。安価で業務を委託することが可能なことは，「効率化」の視点では利点と考えられるが，「サービスの向上」の視点からは問題が大きい。安価な金額で受託した事業者は，経費の削減を進めることとなり，その結果雇用される職員の人件費が削減され，前節でも言及した「ワーキングプア」を生み出すこととなる。また，多くの場合契約期間が1年単位であることも含めて，経験の蓄積や長期的視野に立った業務スキルの構築が難しいという点で，サービスの向上に結びつかないという指摘がある。業務委託に関する賃金保障に関しては，公契約条例を策定して，事業者に地方公共団体が指定した賃金を確保する規定を設ける動きがある。

　業務委託が進むことに伴う課題として，委託化した業務に関して，委託スタッフに対して図書館職員が直接指示や助言ができないことが指摘されている。業務委託に関して，委託スタッフに直接指示をすることは認められず，このような行為が「偽装請負」として社会的に大きな問題となっている。このため，業務委託を導入している図書館においては，カウンターなど委託事業者の就業場所と図書館職員の就業場所を明確に区分するなどの対応をとっている。しかし，特に利用者との対応に関して，委託業務で問題が生じた場合でも図書館職員がその場で指示や助言をすることができず，結果としてトラブルや利用者の不満につながることがある，という点が問題とされている。

4．指定管理者制度

（1）制度の概要

　指定管理者制度は，2003（平成15）年の地方自治法改正により，公の施設の管理について民間企業など「法人その他の団体」に委任することを認めた制度である。地方自治法改正前は，公の施設の管理を委任することができるのは公共的な団体に限られていたが，この制度により，民間企業やNPO法人などにも委任できるようになり，施設の管理運営に関して民間企業や地域住民が有する知識・技術を活用することが期待された。

　この制度は地方公共団体が設置する公の施設に適用される制度であり，図書館については公立図書館が対象となる。

（2）社会教育施設における指定管理者制度導入状況

a．導入の現状

　公立社会教育施設における指定管理者制度の導入状況について，文部科学省による「社会教育調査」における調査結果に基づき，2011（平成23）年10月現在の状況を7-5表にまとめた[10]。

　図書館については，全国で347館に指定管理者制度が導入されており，導入率は10.6％となっている。他の社会教育施設に比べて図書館における導入率が低いことが確認できる。

b．指定された事業者の状況

　指定管理者として指定された事業者の種別について，「社会教育調査」の調査結果の集計を示す（7-6表参照）[11]。

　図書館については，半数以上が民間企業を指定管理者としている点で，他の社会教育施設に比べ特徴的である。公民館を除く他の施設は，一般社団法人・一般財団法人の割合が大きく，いわゆる地方公共団体の「外郭団体」等による

10,11：文部科学省．平成23年度社会教育調査報告書．日経印刷，2013，696p．

7-5表 公立社会教育施設における指定管理者制度導入状況（2011年10月現在）

	施設数	指定管理者制度導入館数	導入率（％）
図書館	3,274	347	10.6
公民館	14,681	1,161	7.9
公民館類似施設	718	158	22.0
博物館	1,262	158	12.5
博物館類似施設	4,485	1,053	23.5
青少年教育施設	1,048	393	37.5
女性教育施設	375	88	23.5
文化会館	1,866	935	50.1
生涯学習センター	409	91	22.2

（文部科学省『平成23年度社会教育調査報告書』2013より作成）

管理運営が続けられているものと推察されるのに対して、図書館については地方自治法改正後に新たに指定管理者による管理に移行したものが多く、図書の納入や窓口業務等の委託などについて実績を有する民間企業が多く指定されたものと考えられる。

（3）指定管理者による運営のための手続き

指定管理者による運営を行うためには、法令等に基づく手続きが必要になる。指定管理者制度については、地方自治法第244条の2第3項以降に規定されている。

第244条の2
3　普通地方公共団体は、公の施設の設置の目的を効果的に達成するため必要があると認めるときは、条例の定めるところにより、法人その他の団体であつて当該普通地方公共団体が指定するもの（以下本条及び第244条の4において「指定管理者」という。）に、当該公の施設の管理を行わせることができる。
4　前項の条例には、指定管理者の指定の手続、指定管理者が行う管理の基準及び業務の範囲その他必要な事項を定めるものとする。

7-6表　公立社会教育施設の事業者種別指定管理者導入施設数（2011年10月現在）

	導入館数	事業者種別							
		一般社団法人・一般財団法人（特例民法法人を含む。）		会社		NPO法人		その他	
		施設数	構成比	施設数	構成比	施設数	構成比	施設数	構成比
図書館	347	52	15.0%	223	64.3%	44	12.7%	28	8.1%
公民館	1,161	248	21.4%	55	4.7%	26	2.2%	832	71.7%
公民館類似施設	158	37	23.4%	37	23.4%	7	4.4%	77	48.7%
博物館	158	118	74.7%	31	19.6%	4	2.5%	5	3.2%
博物館類似施設	1,053	522	49.6%	211	20.0%	73	6.9%	247	23.5%
青少年教育施設	393	150	38.2%	87	22.1%	49	12.5%	107	27.2%
女性教育施設	88	34	38.6%	7	8.0%	22	25.0%	25	28.4%
文化会館	935	550	58.8%	244	26.1%	47	5.0%	94	10.1%
生涯学習センター	91	47	51.6%	17	18.7%	6	6.6%	21	23.1%

（文部科学省『平成23年度社会教育調査報告書』2013より作成）

　5　指定管理者の指定は，期間を定めて行うものとする。
　6　普通地方公共団体は，指定管理者の指定をしようとするときは，あらかじめ，当該普通地方公共団体の議会の議決を経なければならない。

a．制度の導入

　図書館への指定管理者制度の導入にあたっては，まず，地方自治法の規定に従い，地方公共団体の条例で，図書館を指定管理者の運営とする（ことができる）旨を定める必要がある。多くの場合には図書館設置条例を改正することとなり，議会における条例改正案の審議と議決が必要となる。

b．指定管理者の選定と指定

　指定管理者による管理運営を開始するためには，指定管理者の指定を行う必要がある。地方自治法では，指定の手続きについても条例で規定することを求めており，関係する条例の改正または制定が必要となる。

　指定管理者制度を導入している地方公共団体における図書館設置条例の条文の事例として，綾瀬市立図書館条例（神奈川県）から関係部分を抜粋して示す。

　　（指定管理者による管理）
　　第5条　図書館の管理は，地方自治法（昭和22年法律第67号）第244条の2第3項の規定により，法人その他の団体であって教育委員会が指定するもの（以下「指定管理者」という。）に行わせるものとする。
　　（指定管理者が行う業務）
　　第6条　指定管理者は，次に掲げる業務を行うものとする。
　　　(1)　図書館事業に関すること。
　　　(2)　図書館の利用及びその制限に関すること。
　　　(3)　図書館の維持管理に関すること。
　　　(4)　前3号に掲げるもののほか，教育委員会が図書館の管理上必要と認める業務
　　（指定管理者の指定の申請）
　　第7条　指定管理者の指定を受けようとするものは，図書館の管理に関する業務の実施方法その他の事項についての計画書（以下「事業計画書」という。）その他教育委員会が必要と認める書類を添えて，教育委員会に申請しなければならない。
　　（指定管理者の指定）
　　第8条　教育委員会は，前条の規定による申請があったときは，次のいずれにも該当するもののうちから指定管理者の候補者を選定するものとし，議会の議決を経て指定管理者を指定しなければならない。
　　　(1)　事業計画書による図書館の運営が，市民の平等な利用の確保及びサービスの向上を図ることができるものであること。
　　　(2)　事業計画書の内容が，図書館の効用を最大限に発揮できるものであるとともに，管理に係る経費の縮減が図られるものであること。
　　　(3)　事業計画書に沿った管理を安定して行う能力を有するものであること。
　　（管理に関する協定の締結）
　　第9条　指定管理者は，図書館の管理に関する必要な事項について教育委員会と協定を締結し，これを誠実に履行しなければならない。

図書館を管理運営する指定管理者の指定については，近年の事例では多くの場合公募により事業者を募集し，選定委員会などの審査機関による審査・選定ののち，地方自治法の規定に基づいて議会の議決を経て事業者が指定される。

　指定管理者の選定にあたっては，事業者から事業計画書の提出を受け，計画の内容について審査を行う。事業の提案内容について審査が行われる点は，価格による競争入札により業者を決めることが多い業務委託と大きく異なる。

（4）図書館への指定管理者制度導入を巡る議論

　地方自治法の改正以降，すでに300館を超える図書館に指定管理者制度が導入されているが，その一方で図書館への指定管理者制度の導入について，サービス向上に結びつかないという批判がある。

　指定管理者制度についてはさまざまな立場から意見が表明されているが，まず文部科学省による見解と，国会及び閣僚等による主な意見をまとめて7-7表に示す。

　公立図書館への指定管理者制度の導入については，法制度上は可能であるが，サービス水準の向上や職員の安定雇用の面での課題が指摘され，このような課題についての検討や配慮を求める意見・見解が相次いでいると見ることができる。

　指定管理者制度の導入に際しては，前述のように条例改正及び事業者の指定について議会の議決が必要となる。この議決の際に，当局から提案された図書館への指定管理者制度導入に関する条例改正案を否決し，結果として指定管理者制度を導入しないという判断をした地方公共団体も存在する。また，一度指定管理者制度を導入しながら，その後直営に戻した例も複数見られる。

　一方で，指定管理者制度の導入により，開館時間の延長や「課題解決支援型サービス」の展開，学校図書館との連携強化，まちを挙げての読書意欲向上など，サービスの充実を実現し，住民からも高く評価されている図書館も存在する。

　図書館への指定管理者制度の導入については，その動向について引き続き注視する必要がある。

7-7表 図書館への指定管理者制度導入に関する見解・意見

年	見解表明・発言者	見解・発言の趣旨
2004	文部科学省 (構造改革特区提案に対する回答)	図書館法における館長・専門的職員の配置規定に関して，指定管理者制度導入館については指定管理者による配置で可能
2005	文部科学省 (全国主管部課長会議配付資料)	図書館等の社会教育施設については，指定管理者制度を適用し，株式会社など民間事業者にも館長業務を含め全面的に管理を行わせることが可能
2008	衆議院 (社会教育関連法改正の附帯決議)	図書館等の社会教育施設における人材確保及びその在り方について，指定管理者制度の導入による弊害についても十分配慮し，検討すること
	参議院 (社会教育関連法改正の附帯決議)	図書館等の社会教育施設における人材確保及びその在り方について検討するとともに，社会教育施設の利便性向上を図るため，指定管理者制度の導入による弊害についても十分配慮して，適切な管理運営体制の構築を目指すこと
	渡海文部科学大臣(当時) (参議院文教科学委員会答弁)	・長期的視野に立った運営が図書館では難しいこと，職員の研修機会や後継者の育成等の機会が難しくなる，といった問題が指摘されている ・このような懸念を払拭した上で制度の導入を
2010	高井文部科学大臣政務官 (当時) (衆議院文部科学委員会答弁)	・開館時間の延長など利用者のニーズに即した運営の推進という面もあるが，指定期間が短期であるために長期的な視点に立った運営が難しい，職員の研修機会や後継者の育成機会の確保など長期的なことができないという問題点の指摘がある ・留意点として，安定した運営が可能な指定期間の検討，職員の安定的な処遇の確保，長期的視点に立った人材育成，自治体による適切なモニタリングなどを指摘
2011	片山総務大臣 (当時) (記者会見)	例えば，公共図書館や学校図書館などは，指定管理になじまないと思う。きちんと行政が直営で，スタッフを配置して運営すべきだと思う。鳥取県知事のときもそうしてきた

5. その他の管理形態

(1) PFI

a. 制度の概要

「PFI（Private Finance Initiative）」とは，公共施設等の建設，維持管理，運営等を民間の資金，経営能力及び技術的能力を活用して行う新しい手法であり，1990年代から英国で導入され，病院や学校などの公共施設の整備・運営が行われている。

わが国では，1999（平成11）年に「民間資金等の活用による公共施設等の整備等の促進に関する法律」（PFI法）が制定された後，政府によりPFI事業の枠組みが設けられ，病院や学校，公園といった公共施設の整備・運営に導入されている。

b. 図書館への導入事例

国内の公立図書館では，2012（平成24）年までに9館がPFI手法により整備されている（7-8表）。

わが国におけるPFIは，公共施設の整備を伴う事業に導入されており，図

7-8表　国内の公立図書館におけるPFI導入事例

開館年（年）	地方公共団体	図書館名
2004	三重県桑名市	桑名市立中央図書館
2005	埼玉県杉戸町	杉戸町立図書館
2006	東京都稲城市	稲城市立中央図書館
2007	東京都府中市	府中市立中央図書館
2008	長崎県長崎市	長崎市立図書館
2009	埼玉県さいたま市	さいたま市立北図書館
2009	埼玉県富士見市	富士見市立図書館鶴瀬西分館
2009	東京都稲城市	稲城市立iプラザ図書館
2012	大阪府吹田市	吹田市立千里図書館

書館についても，新たな図書館整備を行う際に，事業の効果を検証した上で導入の可否が決められている。PFI事業の特性から，比較的規模の大きい施設整備において効果が期待できるとされることから，図書館の事例についても，「中央図書館」としての新設整備か，または学校やホールなど他の公共施設との複合整備に限られているのが現状である。

c．PFI手法の課題

わが国のPFIについては，一般的に収益の確保に関する課題があるとされ，実際に経営が破綻した事例もある。図書館に関しては，収益の点から経営が破綻することは考えにくいが，独自の収入の確保が難しいことから事業効果が期待できず，計画の検討段階で導入が見送られることがある。今後も，ある程度の規模を持つ図書館の新設整備に限って導入の可能性が考えられるが，大きな広がりを見せることは期待しにくい。

（2）市場化テスト

a．制度の概要

一般的に「市場化テスト」とは，公共サービスについて民間事業者の参入を認め，「官民競争」により価格・質の両面で最も優れた者が，そのサービスの提供を担っていく制度とされ，1980年代から英国・米国など欧米で公共サービス改革の効果的な手法として導入が進んでいた。

国内では，2006(平成18)年に「競争の導入による公共サービスの改革に関する法律」が制定され，省庁及び国の関係機関において導入が進められている。

これとは別に，地方公共団体においても独自の「市場化テスト」制度を導入する例があり，大阪府（大阪版市場化テスト），愛知県，千葉県我孫子市などで実施されている。

b．図書館への導入事例

地方公共団体による独自の「市場化テスト」について，図書館業務を対象として導入した事例に大阪府立図書館がある。

大阪府では，2005(平成17)年に発表した「大阪府市場化テストガイドライン」に基づき，府が行っている業務について民間開放の可能性を検討し，対象とした業務について民間からの提案を受けて従来のサービスと比較検証したう

えで，民間開放による効果が認められる事業について民間事業者に委ねるという手法による「市場化テスト」を進めている。

2009(平成21)年度に「府立図書館管理運営業務」が市場化テストの対象業務とされ，民間事業者からの提案の結果，2010(平成22)年4月から，大阪府立図書館の一部業務について民間事業者による運営が行われている。

民間開放された業務は，カウンター業務，レファレンスサービス（利用案内，所蔵調査，所在調査等），資料の収集・整理業務（受入登録，書誌・所蔵データ管理，資料装備等）などであり，「司書の技能・知識・経験を必要とする業務」「市町村図書館等との連携・支援に関する業務」などについては府職員が引き続き行っている。

6．管理形態の多様化に関する議論のまとめ

管理形態の多様化は，地方公共団体や大学等の図書館設置母体における改革の一環として進められている。とくに，国や地方公共団体の財政事情の悪化に伴う行財政改革により，業務委託や指定管理者制度など，公共施設についてさまざまな管理運営手法の導入が進められている。

このような図書館の管理形態の多様化については，サービスの向上や職員の雇用，経費の縮減という視点からの議論が続いている。これまでの主な論点について，肯定的・否定的双方の代表的な議論をまとめた（7-9表参照）。

地方公共団体や大学の財政事情は好転の兆しがなく，図書館の管理・運営について今後も厳しい状況が続くだろう。このような状況の下で，住民や学生・教職員の学習・調査研究の拠点としてサービスを維持・向上させるための手法について，図書館自らが主体的に考え，提示することが求められる。

7-9表　管理形態の多様化を巡る議論

論点	肯定的な考え	否定的な考え
サービス水準の維持・向上	・非専門業務（定型的業務）を委託化することにより，正規職員（司書有資格者）を専門業務に専念させる→専門サービスの向上（レファレンス，課題解決支援，子どもの読書活動，学校連携など） ・民間企業のノウハウにより，これまで実現しなかったサービスが可能 ・開館時間の拡大などにより利用者の満足度が向上	・価格競争の結果人材確保が困難になり，サービス低下を招く ・非専門業務（定型的業務）と専門業務の分類は困難。単純に見える貸出業務等でも専門性が必要な場合がある ・資料の収集・保存・除籍については図書館設置者としての責任があり，実務を非常勤職員や民間事業者に任せることは問題 ・開館時間の拡大などは，民間事業者によらなくても実現可能
職員の雇用	・業務の繁閑に合わせて柔軟な雇用が可能 ・司書有資格者の雇用機会拡大 ・司書有資格者を正規職員として雇用することはきわめて困難な現状であり，非常勤職員や委託職員として司書有資格者を確保することが現実的で，有資格者による継続したサービスが可能	・勤務経験を積むことが困難になる ・司書有資格者は正規職員としての雇用が必要である ・人件費の削減は低賃金労働者を増加させ，社会的に問題化（「官製ワーキングプア」） ・現在雇用している職員（特に司書）について，本人の意志に反して図書館外に異動させることになる
経費の縮減	・経費の維持・縮減を図りつつサービス向上が可能	・収益性がないため，民間企業にとっては「儲け」がなく，安易に撤退する可能性 ・消費税や本社経費など民間事業者として負担せざるを得ない経費が発生し，経費の縮減効果は大きくない

参考文献
(より進んだ勉強のために)

序章
日本図書館学会研究委員会編．図書館経営論の視座．日外アソシエーツ，1994，214p.，（論集・図書館学研究の歩み，第13集）．
これからの図書館の在り方検討協力者会議．"これからの図書館像～地域を支える情報拠点をめざして～（報告）"．国立国会図書館インターネット資料収集保存事業（WARP）．2006-03．PDF．http://warp.da.ndl.go.jp/info：ndljp/pid/286184/www.mext.go.jp/b_menu/houdou/18/04/06032701/009.pdf，（参照2013-10-10）．
科学技術・学術審議会学術分科会研究環境基盤部会学術情報基盤作業部会．"大学図書館の整備について（審議のまとめ）－変革する大学にあって求められる大学図書館像－"．国立国会図書館 Web サイト．2010-12．PDF．http://www.janul.jp/j/documents/mext/singi201012.pdf，（参照2013-10-10）．

Ⅰ部　制度論
1章
田島信威．法令入門：法令の体系とその仕組み．第3版．法学書院，2008，209p.
田島信威．最新法令の読解法：やさしい法令の読み方．4訂版，ぎょうせい，2010，507p.
田島信威．法令用語ハンドブック．3訂版，ぎょうせい，2009，624p.
林修三．法令解釈の常識．第2版，日本評論社，1975，235p.，（セミナー叢書）．
渡部蓊．図解問答教育法規・教育行政入門．改訂版，学術出版会，日本図書センター（発売），2008，246p.
高見茂，開沼太郎，宮村裕子編．教育法規スタートアップ：教育行政・政策入門．第2版，昭和堂，2012，340p.

2～6章
日本図書館情報学会研究委員会編．図書館を支える法制度．勉誠出版，2002，151p.，（シリーズ・図書館情報学のフロンティア，no.2）．
鑓水三千男．図書館と法：図書館の諸問題への法的アプローチ．日本図書館協会，2009，290p.，（JLA図書館実践シリーズ，12）．

2章
伊藤正己．憲法入門．第4版補訂版，有斐閣，2006，264p.，（有斐閣双書）．
菱村幸彦．やさしい教育法規の読み方．新訂第4版，教育開発研究所，2008，398p.
坂田仰解説．新教育基本法：全文と解説．教育開発研究所，2007，128p.

木田宏著；緒方信一監修. 逐条解説地方教育行政の組織及び運営に関する法律. 第3次新訂, 第一法規, 2003, 675p.
井内慶次郎, 山本恒夫, 浅井経子. 社会教育法解説. 改訂第3版, 全日本社会教育連合会, 2008, 127p.
礒崎初仁, 金井利之, 伊藤正次. 地方自治. 北樹出版, 2007, 265p., (ホーンブック).
小西砂千夫. 基本から学ぶ地方財政. 学陽書房, 2009, 303p.

3章
西崎恵. 図書館法. 日本図書館協会, 1970, 202p.
井内慶次郎. 図書館法の解説. 全国学校図書館協議会編. 明治図書出版, 1954, 90p., (学校図書館学講座, 第6).
塩見昇, 山口源治郎. 新図書館法と現代の図書館. 日本図書館協会, 2009, 442p.

4章
全国学校図書館協議会. 学校図書館法改正：その課題と展望. 全国学校図書館協議会, 1983, 294p.

6章
島並良, 上野達弘, 横山久芳. 著作権法入門. 有斐閣, 2009, 294p.
岡村久道. 個人情報保護法の知識. 第2版, 日本経済新聞出版社, 2010, 230p.
藤倉恵一. 図書館のための個人情報保護ガイドブック. 日本図書館協会, 2006, 149p., (JLA図書館実践シリーズ, 3).
野村豊弘. 民事法入門. 第5版, 有斐閣, 2007, 227p., (有斐閣アルマ basic).
浜村彰, 唐津博, 青野覚, 奥田香子. ベーシック労働法. 第5版. 有斐閣, 2013, 321p., (有斐閣アルマ basic).

7章
日本図書館学会研究委員会. 日本における図書館行政とその施策. 日外アソシエーツ, 1988, 207p., (論集・図書館学研究の歩み, 第8集).
これからの図書館の在り方検討協力者会議. "これからの図書館像～地域を支える情報拠点をめざして～（報告）". 国立国会図書館インターネット資料収集保存事業（WARP）. 2006-03. PDF, http://warp.da.ndl.go.jp/info：ndljp/pid/286184/www.mext.go.jp/b_menu/houdou/18/04/06032701/009.pdf, (参照2013-10-10).
これからの図書館の在り方検討協力者会議. "図書館職員の研修の充実方策について（報告）". 文部科学省Webサイト. 2008-06. http://www.mext.go.jp/a_menu/shougai/tosho/teigen/08073040.htm2008, (参照2013-10-10).
これからの図書館の在り方検討協力者会議. "司書資格取得のために大学において履修す

べき図書館に関する科目の在り方について（報告）". 文部科学省 Web サイト. 2009-09. PDF, http://www.mext.go.jp/component/b_menu/shingi/toushin/__icsFiles/afieldfile/2009/09/16/1243331_2.pdf, (参照2013-10-10).

これからの図書館の在り方検討協力者会議. "図書館の設置及び運営上の望ましい基準の見直しについて（報告書）". 文部科学省 Web サイト. 2012-08. PDF, http://www.mext.go.jp/component/b_menu/shingi/toushin/__icsFiles/afieldfile/2013/01/31/1330310.pdf, (参照2013-10-10).

国民の読書推進に関する協力者会議. "人の，地域の，日本の未来を育てる読書環境の実現のために". 文部科学省 Web サイト. 2011-09. PDF, http://www.mext.go.jp/b_menu/houdou/23/09/__icsFiles/afieldfile/2011/09/02/1310715_1_1.pdf, (参照2013-10-10).

電子書籍の流通と利用の円滑化に関する検討会議. "電子書籍の流通と利用の円滑化に関する検討会議報告". 文化庁 Web サイト. 2011-12-21. PDF, http://www.bunka.go.jp/bunkashingikai/kondankaitou/denshishoseki/pdf/houkoku.pdf, (参照2013-10-10).

知のデジタルアーカイブに関する研究会. "知のデジタルアーカイブ-社会の知識インフラの拡充に向けて-". 2012-03. PDF, http://www.soumu.go.jp/main_content/000167508.pdf, (参照2013-10-10).

II部　経営論
1章
奥野信宏. 公共経済学. 岩波書店, 1996, 230p., (現代経済学入門).
齋藤純一. 公共性. 岩波書店, 2000, 120p., (思考のフロンティア).
フランク・ウェブスター著；田畑暁生訳. 「情報社会」を読む. 青土社, 2001, 342p.

2章
古川俊一, NTTデータシステム科学研究所編. 公共経営と情報通信技術：「評価」をいかにシステム化するか. NTT出版, 2002, 237p.
柳与志夫. 知識の経営と図書館. 勁草書房, 2009, 254p., (図書館の現場, 8).
大山耕輔. 公共ガバナンス. ミネルヴァ書房, 2010, 217p., (Basic 公共政策学, 第8巻).

3章
日本図書館情報学会研究委員会編. 図書館情報専門職のあり方とその養成. 勉誠出版, 2006, 250p., (シリーズ・図書館情報学のフロンティア, no.6).
図書館職員の資格取得及び研修に関する調査研究報告書：現職者の司書資格取得に関する実態調査：司書・図書館職員研修の実践事例集. 日本システム開発研究所, 2007, 229p.

特集これからの図書館員制度1：専門職養成を考える．図書館雑誌，2007，vol.101，no.11，p.736-751．
図書館等における司書有資格者活用状況に関する実態調査報告書．日本システム開発研究所，2009，145p．

4章
特集：図書館の経営経済分析と資金調達．情報の科学と技術．2008，vol.58，no.10，p.485-522．
特集：図書館経営．情報の科学と技術．2011，vol.61，no.8，p.293-323．

5章
V.E.パーマー他著；田村俊作他訳．公共図書館のサービス計画：計画のたて方と調査の手引き．勁草書房，1985，308p．
栗原嘉一郎，中村恭三．地域に対する公共図書館網計画．日本図書館協会，1999，62p．
フィリップ・コトラー，ナンシー・リー著；スカイライトコンサルティング株式会社訳．社会が変わるマーケティング：民間企業の知恵を公共サービスに活かす．英治出版，2007，423p．

6章
日本図書館情報学会研究委員会編．図書館の経営評価：パフォーマンス指標による新たな図書館評価の可能性．勉誠出版，2003，170p.，（シリーズ図書館情報学のフロンティア，No.3）．
神奈川県図書館協会図書館評価特別委員会編．公共図書館の自己評価入門．日本図書館協会，2007，142p.，（JLA図書館実践シリーズ，9）．
図書館の自己評価，外部評価及び運営の状況に関する情報提供の実態調査報告書．みずほ情報総研株式会社，2009，160p．

7章
小林真理．指定管理者制度：文化的公共性を支えるのは誰か．時事通信出版局，2006，259p．
高山正也，南学監修；図書館総合研究所編；新谷良文他著．市場化の時代を生き抜く図書館．時事通信出版局，2007，251p．
文部科学省生涯学習政策局．図書館・博物館等への指定管理者制度導入に関する調査研究報告書．三菱総合研究所地域経営研究本部，2010，65p．

さくいん

あ行

アウトカム指標　174, 179, 183
アウトプット指標　173
綾瀬市立図書館条例　199

委託業務　192, 193, 195
委託事業　143
委託事業者　67
一般社団法人　36, 37
「一般社団法人及び一般財団法人に関する法律」　37
移動図書館車　145
インプット指標　173

運営計画　152

映画の著作物　62
永続組織としての図書館　2, 3
営利行為への従事制限　34
恵庭市立図書館　179, 180
NPO法人　194, 196
MLA連携　91

大阪大学　181
「大阪府市場化テストガイドライン」　203
大阪府立図書館　203
公の施設　14

か行

外部委託　187, 191, 192
外部効果　100, 102, 108, 110
外部評価　170, 173, 177
価格（price）　164, 165
科学技術・学術審議会　80, 110
科学技術・学術審議会学術分科会研究環境基盤部会・学術情報基盤作業部会　171
学習・情報センター　112
『学術情報基盤実態調査』　175, 191
『学術情報基盤の今後の在り方について（報告）』　172
『学習の成果を幅広く生かす—生涯学習の成果を生かすための方策について—（中間まとめ）』　128
学問の自由　19
学理的解釈　10, 11
貸出冊数　145
課題解決支援型サービス　200
片山総務大臣　121
価値財　99, 103
「学校教育法施行規則」　12
学校司書　59
学校図書館　111
学校図書館経営委員会　118
「学校図書館司書教諭講習規程」　49

「学校図書館図書標準」　175
『学校図書館の手引』　47
「学校図書館法」　9, 12, 43, 47, 111
活字文化議員連盟　57
金沢大学　181
ガバナンス　113, 114, 116-119, 134
監査委員　136
管理形態　184, 186, 187, 202, 204
管理プロセス　166

議員立法　9
議会　198
議会の議決　198, 200
基準財政需要額　32
偽装請負　195
規則制定権　28
寄付金　139
基本原理　162
基本的運営方針　157, 159, 160
基本的人権　18
教育委員会　14, 26-29, 42, 91
教育委員会規則　28
教育機関　14, 15
「教育基本法」　14, 16, 18, 21
教育システムの原理　112
教育を受ける権利　20
行政　8

行政委員会　26
行政経営　155
行政評価　169
競争相手　164
「競争の導入による公共サービスの改革に関する法律」　203
業務委託　71, 187-191, 195
業務統計　176, 177

経営　1, 96, 97
経営サイクル　39, 154-157, 166, 168, 169, 171
経営評価　168
経営方針　125
経営論　109, 111
慶應義塾大学　181
経済システムの原理　112
形式的効力の原理　10
研修　77

公益事業　99
公益性　106, 108, 112, 167
公益法人　194
公会計制度　137
公開性　106
公共ガバナンス　115, 116
公共経営　3, 104-106, 111-113, 115, 155, 167
公共原理　103, 105
公共交通　99
「公共サービス基本法」　63
公共財　98, 102, 103
公共性　96-98, 100, 102, 103, 110, 167
『公共図書館のガイドライン』　175

公契約条例　195
広告　139
「構造改革特別区域法」　92
高度情報通信ネットワーク社会推進戦略本部（IT戦略本部）　81
交付金　139, 141
公平性　106
後法優先の原理　10
「公民館の設置及び運営に関する基準」　82
効率性　106
公立図書館　39
「公立図書館の設置及び運営上の望ましい基準」　81, 82, 129, 169
『公立図書館の設置及び運営に関する基準について（報告）』　82
『公立図書館の任務と目標』　125
「公立博物館の設置及び運営に関する基準」　82
顧客中心主義　162
告示　9
国民の読書推進に関する協力者会議　77, 78
国立国会図書館　81
「国立国会図書館法」　12, 43
個人情報保護　65, 67
個人情報保護条例　66, 67
個人情報保護制度　65
「個人情報の保護に関する法律」　16, 65
国庫支出金　30
子ども読書活動推進基本計画　56
子ども読書活動推進計画　56
子ども読書の日　56
「子どもの読書活動の推進に関する法律」　9, 54, 77
コトラー　161, 162, 167
雇用形態　188, 189
『これからの図書館像～地域を支える情報拠点をめざして～（報告）』　40, 76, 83, 124, 126, 129, 170, 184, 187
これからの図書館の在り方検討協力者会議　76, 84, 126, 129, 170
コンメンタール　11

さ行

サービス計画　144, 148, 152, 166
サービス指標　151, 152
SERVQUAL　181
採算性　106
財政　132
細分化　151, 162, 163
『相模原市図書館基本計画』　157
参政権　20

事業計画　144, 152, 159
自己点検・評価　182, 186
自己評価　173, 177, 179
市場化テスト　188, 203, 204
市場原理　103

さくいん | 213

市場の失敗　102
司書教諭　49
司書資格　76
司書有資格者　190, 205
JISX0812「図書館パフォーマンス指標」　179, 180
施設計画　144
指定管理者　68, 73, 189, 197
指定管理者制度　67, 68, 73, 121, 137, 177, 188, 196-200
指導・助言　11
社会教育　20, 22
社会教育施設　196
社会教育審議会　88
社会教育審議会社会教育施設分科会　87
『社会教育調査』　123, 196
「社会教育法」　23, 24
社会システムとしての図書館　2
衆議院文部科学委員会　56
住民監査請求　71
住民生活に光を注ぐ交付金　76, 141
受託事業者　194
生涯学習　20, 22
生涯学習審議会　86, 87, 128
生涯学習審議会社会教育分科審議会　87
生涯学習審議会社会教育分科審議会施設部会　87
「生涯学習振興法」（略称）　25

「生涯学習の振興のための施策の推進体制等の整備に関する法律」　25
省令　9
所管事項の原理　10
職務専念義務　33
助成金　141
書店　104, 105
私立図書館　42, 109
知る権利　19
「身体障害者福祉法」　43, 52
　――第34条　52
信用失墜行為の禁止　33

数値目標　159

生活動線　147
生活の質　115
政策　8
政策提言　75
政治システムの原理　112
政治的行為の制限　33
制度　1, 8
製品（product）　164
政令　9
セグメント　163, 164
絶対評価　173, 174
説明責任　115
専門的職員　40, 123, 125, 127, 133

争議行為の禁止　34
総合計画　157, 159
相対評価　173
総務省　80
損害賠償　70

た行

ターゲット　162
「大学設置基準」　12, 43, 50, 109, 171
大学図書館　109
『大学図書館の整備について（審議のまとめ）――変革する大学にあって求められる大学図書館像――』　111, 117, 172, 185, 187
滞在型図書館　148
第三者評価　170
武雄市図書館　184
短期計画　157, 159, 160

地域活性化交付金　76
地域計画　93, 144-146, 166
地域生涯学習振興基本構想　26
地域電子図書館　85
地域電子図書館構想　87
地域電子図書館構想検討協力者会議　85, 129
逐条解説書　11
知のデジタルアーカイブに関する研究会　79
地方議会図書室　51, 52
「地方教育行政の組織及び運営に関する法律」　14, 15, 26, 27, 29, 120
　――第23条　92
　――第24条の2　92
　――第32条　92
「地方教育行政の組織及び運営に関する法律施行令」　120
地方公共団体　36

「地方公共団体の財政の健全化に関する法律」 137
地方交付税 31, 32
「地方公務員法」 32
地方債 31
「地方財政法」 30
　──第5条の3 31
「地方自治法」 10, 14, 15, 16, 18, 28, 29, 43, 51, 71, 198, 199
　──第1条の3 36
　──第100条 51
　──第138条の4 29
　──第147条 27
　──第244条 29
　──第244条2項 10
　──第244条3項 10, 20
　──第244条の2 197
地方自治法改正 120, 196, 197
地方譲与税 31
中央教育審議会 80, 85, 88
中小企業庁 81
中・長期計画 157, 159, 160
懲戒 34
調査統計 176, 177
著作権 60
「著作権法」 60
著作物 60

定型的業務 205
定性的評価 172, 173
定量的評価 172
電子書籍の流通と利用の円滑化に関する検討会議 79

点字図書館 52, 53
点字による複製 61

東京都の図書館振興策 89
統計経費 176
統計施設 177
統計職員 176
統計蔵書 176
統計利用 176
動線 145
登録者数 145
読書センター 111, 112
特別法優先の原理 10
図書館海援隊 78
図書館協議会 41, 115, 116, 173, 177
図書館行政 79, 80
図書館経営 1, 2, 97, 98, 102-105, 113, 115, 154
図書館サービス網計画 93
『図書館職員の研修の充実方策について（報告）』 126
図書館資料 41, 67, 70, 71
図書館資料の複製 61
図書館振興策 75, 89, 90
図書館政策 75, 89, 186
図書館制度 8
「図書館制度・経営論」 4, 5, 15
図書館長 40, 97, 123
図書館統計 150
図書館同種施設 42
『図書館等における司書有資格者活用状況に関する実態調査』 191, 193
図書館の経営論 107

『図書館の自己評価，外部評価及び運営の状況に関する情報提供の実態調査』 181
図書館の設置及び運営上望ましい基準 38
「図書館の設置及び運営上の望ましい基準」 39, 40, 77, 81, 83, 91, 108, 124, 146, 157, 170, 173, 174
『図書館の設置及び運営上の望ましい基準の見直しについて（これからの図書館の在り方検討協力者会議報告書）』 108
図書館の設置者 13
図書館パフォーマンス指標 179, 180
図書館評価 168-170, 172, 173, 181-183
『図書館評価のためのチェックリスト』 176
「図書館法」 9, 10, 12, 15, 35, 120, 153, 170, 171
　──第1条 36
　──第2条 36
　──第3条 36, 37
　──第4条 38
　──第4条1項 40
　──第5条 38
　──第6条 38
　──第7条 38, 77
　──第7条の2 38
　──第7条の3 38
　──第7条の4 38
　──第8条 39
　──第9条 39

さくいん | 215

――第10条　39
――第13条　40
――第14条　41
――第15条　41
――第16条　41
――第20条　41
――第20条1項　32
――第23条　41
――第25条　42
――第26条　42
――第28条　42
――第29条　42
図書館法改正（2008年）
　　　　　76, 177
「図書館法施行規則」（1950
　年）　76
「図書館法施行規則」（2009
　年）　38, 76
図書館法によらない図書館
　　　　　42
豊中市立図書館評価システ
　ム　177

な行
内閣立法　9
内部統制　134, 135
『2005年の図書館像〜地域
　電子図書館の実現に向け
　て〜（報告）』　85, 129
「日本国憲法」　18
日本赤十字社　36, 37
日本図書館協会認定司書
　　　　　127
『日本の図書館　統計と名
　簿』　175
入札　195

認証評価　171, 173, 186
年次計画　144, 159

納本図書館　46
ノーサポート，ノーコント
　ロール　42
望ましい基準　75, 81, 116,
　146, 169, 170

は行
パフォーマンス指標　179

PFI　188, 202
PDCA　154
非営利機関　104, 105
非営利組織としての図書館
　　　　　2, 3
非常勤職員　73, 125
非正規職員　122, 189, 190
秘密を守る義務　33
平等権　20

4P（マーケティング）
　　　　　164
複写　103
附帯決議（衆議院文部科学
　委員会）　56
普通交付税　76
プロセス（効率）指標
　　　　　174
プロモーション（promo-
　tion）　164, 165
分限　34

ベストプラクティス　175
『変革する大学にあって求
められる大学図書館像』
→『大学図書館の整備に
ついて（審議まとめ）』
返還請求　70

法規的解釈　10, 11
法令及び上司の命令に従う
　義務　33
補助金　139-143
補助金政策　75
ボランティア　128-130

ま行
マーケティング　161, 167
民間企業　196
民間事業者　71, 194, 205
「民間資金等の活用による
　公共施設等の整備等の促
　進に関する法律（PFI
　法）」　121, 202
民業圧迫　103
「民法」　69
民法第34条の法人　37

無料貸本屋論争　103
無料の原則　41

命令　9

文字・活字文化　57, 58
「文字・活字文化振興法」
　　　　　9, 57
文字・活字文化の日　59
モニタリング　166
「文部科学省令」　12

や行

雇止め　74

有効性　106
有料制　42
「ユネスコ公共図書館宣言 1994」　13, 41

『横浜市教育振興基本計画』
　　161
『横浜市中期4か年計画』
　　161
横浜市山内図書館指定管理者運営評価委員会　178
『横浜市立図書館アクションプラン』　160
『横浜市立図書館の目標』
　　161

予算　132
予算執行　134, 135
予算編成　132, 133
予算要求　132

ら・わ行

来館者数　145
来館者調査　147
来館者密度　147
来館者密度比　147
LibQUAL＋　181

リー　162
利潤追求　98
流通チャネル（place）
　　164, 165
利用圏域　146-148
利用行動　162

利用者アンケート　179
利用者調査　150, 179
利用者満足度　179, 183

レヴィ　161

「労働関係調整法」　73
「労働基準法」　72, 73
労働基本権　72, 73
「労働組合法」　72, 73
「労働者派遣法」（略称）
　　121
労働法制　72, 73

ワーキングプア　190, 195, 205

［シリーズ監修者］

　　　高山正也　　前国立公文書館館長
　　　たかやままさや　　慶應義塾大学名誉教授

　　　植松貞夫　　前跡見学園女子大学文学部教授
　　　うえまつさだお　　筑波大学名誉教授

［編集責任者・執筆者］

　　糸賀雅児（いとが・まさる）

1954　東京都に生まれる
1978　東京大学教育学部卒業
1984　東京大学大学院教育学研究科博士課程単位取得退学
　　　慶應義塾大学文学部助手，助教授，教授を経て
現在　慶應義塾大学名誉教授
主著　『図書館による町村ルネサンスＬプラン21：21世紀の町村図書館振興をめざす政策提言』（共著）日本図書館協会，『図書館の経営評価：パフォーマンス指標による新たな図書館評価の可能性』（共著）勉誠出版，『変革の時代の公共図書館：そのあり方と展望』（共著）勉誠出版，ほか

　　薬袋秀樹（みない・ひでき）

1948　兵庫県尼崎市に生まれる
1972　慶應義塾大学経済学部，文学部図書館・情報学科卒業，東京都立図書館勤務
1983　東京大学大学院教育学研究科博士課程単位取得退学
　　　図書館情報大学助手，助教授，教授，筑波大学図書館情報メディア系教授を経て
　　　日本生涯教育学会会長，文部科学省「これからの図書館の在り方検討協力者会議」主査を歴任
現在　筑波大学名誉教授
主著　『図書館運動は何を残したか：図書館員の専門性』（単著）勁草書房，ほか

［執筆者］

　　市川恵理（いちかわ・えり）

1996　文部省生涯学習局社会教育課，内閣府男女共同参画局，文部科学省生涯学習政策局地域づくり支援室，社会教育課図書館振興係長等を経て
2011　筑波大学図書館情報メディア系准教授（2012年まで）

　　内野安彦（うちの・やすひこ）

1956　茨城県鹿島町（現鹿嶋市）に生まれる
1979　鹿島町役場入庁後，総務，広報公聴，人事課係長，企画課長を経て図書館へ
　　　中央図書館長，学校教育課長を歴任
2007　筑波大学図書館情報メディア研究科博士後期課程中退
　　　長野県塩尻市役所入庁後，図書館長として新図書館開館を指揮し，2012年退職
現在　立教大学兼任講師
主著　『だから図書館めぐりはやめられない』（単著）ほおずき書籍，『図書館はラビリンス』（単著）樹村房

　　荻原幸子（おぎわら・さちこ）

1990　慶應義塾大学大学院文学研究科図書館・情報学専攻修士課程修了
現在　専修大学文学部教授
主著　『図書館の経営評価：パフォーマンス指標による新たな図書館評価の可能性』（共著）勉誠出版，『変革の時代の公共図書館：そのあり方と展望』（共著）勉誠出版

　　桑原芳哉（くわばら・よしや）

1961　静岡県富士市に生まれる
1984　横浜国立大学教育学部卒業
1985　横浜市入庁（横浜市立図書館司書）
　　　横浜市中央図書館在職時に
2010　慶應義塾大学大学院文学研究科図書館・情報学専攻後期博士課程単位取得退学
2011　日本図書館協会認定司書第1010号
現在　尚絅大学現代文化学部教授
主著　『公共図書館の自己評価入門』（共著）日本図書館協会，『課題解決型サービスの創造と展開』（共著）青弓社

高山正也（たかやま・まさや）
1941　大阪府豊中市に生まれる
1966　慶應義塾大学商学部卒業
1970　慶應義塾大学大学院文学研究科図書館・情報学専攻修士課程修了
　　　東京芝浦電気株式会社技術情報センター，カリフォルニア大学バークレー校訪問研究員，慶應義塾大学文学部助手，専任講師，助教授，教授，国立公文書館館長を経て
現在　前国立公文書館館長，慶應義塾大学名誉教授
主著　『図書館概論』（共著）雄山閣出版，『図書館・情報センターの経営』（共著）勁草書房，『情報社会をひらく』（共訳）勁草書房，『公文書ルネッサンス』（編）国立印刷局，『現代日本の図書館構想―戦後改革とその展開』（共編）勉誠出版，ほか多数

鑓水三千男（やりみず・みちお）
1951　千葉県我孫子市に生まれる
1975　東北大学法学部卒業
1978　中央大学大学院法学研究科修士課程修了（民事法専攻）
　　　千葉県庁入庁
2003　千葉県総務部政策法務課政策法務室長
2007　千葉県農林水産部農地課長
2009　千葉県総合企画部参事
2011　千葉県労働委員会事務局次長
2012　千葉県庁退職
主著　『図書館が危ない！　運営編』（共著）LiU，『図書館と法：図書館の諸問題への法的アプローチ』（単著）日本図書館協会，『政策法務の理論と実践』（共著）第一法規

現代図書館情報学シリーズ…2

図書館制度・経営論

2013年12月25日　初版第1刷発行
2019年9月2日　初版第8刷

〈検印省略〉

著者代表 ⓒ　糸賀　雅児
　　　　　　薬袋　秀樹

発　行　者　大塚　栄一

発　行　所　株式会社　樹村房
　　　　　　　　　　　JUSONBO

〒112-0002
東京都文京区小石川5-11-7
電　話　03-3868-7321
ＦＡＸ　03-6801-5202
振　替　00190-3-93169
http://www.jusonbo.co.jp/

印刷　亜細亜印刷株式会社
製本　有限会社愛千製本所

ISBN978-4-88367-202-8　乱丁・落丁本は小社にてお取り替えいたします。

| 高山正也・植松貞夫　監修 | **現代図書館情報学シリーズ** |

[全12巻]
各巻Ａ５判　本体2,000円（税別）

▶本シリーズの各巻書名は，平成21(2009)年4月に公布された「図書館法施行規則の一部を改正する省令」で新たに掲げられた図書館に関する科目名に対応している。また，内容は，「司書資格取得のために大学において履修すべき図書館に関する科目の在り方について（報告）」（これからの図書館の在り方検討協力者会議）で示された〈ねらい・内容〉をもれなくカバーし，さらに最新の情報を盛り込みながら大学等における司書養成課程の標準的なテキストをめざして刊行するものである。

1 改訂 図書館概論	高山正也・岸田和明／編集
2 図書館制度・経営論	糸賀雅児・薬袋秀樹／編集
3 図書館情報技術論	杉本重雄／編集
4 改訂 図書館サービス概論	高山正也・村上篤太郎／編集
5 改訂 情報サービス論	山﨑久道・原田智子／編集
6 児童サービス論	植松貞夫・鈴木佳苗／編集
7 改訂 情報サービス演習	原田智子／編集
8 図書館情報資源概論	高山正也・平野英俊／編集
9 改訂 情報資源組織論	田窪直規／編集
10 改訂 情報資源組織演習	小西和信・田窪直規／編集
11 図書・図書館史	佃　一可／編集
12 図書館施設論	植松貞夫／著

樹村房